AF537397

# Fragen an einen Zenmeister

TAISEN DESHIMARU-RŌSHI

# FRAGEN AN EINEN ZENMEISTER

AUS DEM FRANZÖSISCHEN
VON PAUL SCHÖTZ

WERNER KRISTKEITZ VERLAG

*Mondō – Fragen und Antworten*

Umschlaggestaltung: Saskia Vandrey

Überarbeitete Neuausgabe 2015. Titel der Originalausgabe: «Questions à un Maître Zen». 

ISBN 978-3-921508-98-5

www.kristkeitz.de

# Inhalt

Vorwort ........ 8

Der Mittlere Weg ........ 11

Das menschliche Dasein ........ 17

- Das Ego ........ 17
- Das Karma ........ 26
- Illusion, Anhaften, Leiden ........ 31
- Helfen ........ 37
- Gut und Böse ........ 43
- Der Tod ........ 46

Das Erwachen ........ 59

- Das Bewusstsein ........ 59
- Unbeständigkeit – hier und jetzt ........ 70
- Satori ........ 76

Zen im Westen ........ 83

- Die moderne Zivilisation ........ 83
- Zen und Alltagsleben ........ 88
- Zen und das Christentum ........ 94
- Dialog mit christlichen Mönchen ........ 102

Zenpraxis ........ 109

- Zazen praktizieren ........ 109
- Die Zazenhaltung ........ 116
- Die Tradition ........ 128

Das Geheimnis des Zen ist die Praxis des Zazen ........ 151

# Vorwort

Das Geheimnis des Zen ist: sitzen — einfach nur das, in einer Haltung tiefer Konzentration, ohne Zielvorstellung, ohne Profitstreben. Dieses absichtslose Sitzen heißt Zazen; *za* bedeutet «sitzen», *zen* bedeutet «Meditation», «Konzentration».

Die korrekte Haltung des Körpers lernt man in einem *dōjō* («Ort der Praxis des WEGES») von einem in der Nachfolge Buddhas und der Patriarchen traditionsgemäß initiierten Meister. Mit dieser Körperhaltung wird das Wesen des Zen an sich vermittelt.

Die Zazenpraxis fördert die körperliche und geistige Gesundheit auf sehr wirksame Weise und bringt beide dazu, ihren normalen Zustand anzunehmen.

Zen lässt sich weder in Begriffe fassen noch gedanklich darstellen. Man muss es ausüben, denn es ist seinem Wesen nach Praxis und Erfahrung.

Das philosophische Konzept des Zen-Buddhismus hat nicht die Form eines beengenden, strengen Gedankensystems, vielmehr handelt es sich um die Überlieferung von Vorstellungen, die durch eine in Jahrtausenden immer wieder neu gewonnene Erfahrung geprägt wurden, durch die Erfahrung des Erwachens. Einige kraftvolle Formulierungen, einige Schlüsselworte ordnen und gestalten das Erlebte. Ein Wort gibt das andere, die Worte teilen mit, ohne dass hierdurch die Kontinuität, der unfassbare Fluss des Wirklichen entstellt würde, den sie zu erfassen helfen. Sie legen die Wurzel des täglichen Lebens bloß.

Im Sōtō-Zen vermittelt der Meister seine Lehre nicht nur durch Vorträge. Es kommt vielmehr regelmäßig zu einem Austausch von Fragen und Antworten mit den Schülern und Gästen.

Die Stimmung eines solchen *mondō* («Fragen und Antworten») ist zugleich heiter und tief, voller Freiheit und Würde. Und die Antwort des Meisters geht immer über den vordergründigen Sinn der Frage hinaus, auch wenn sie zunächst rätselhaft und verwirrend erscheinen mag.

Aus einer großen Anzahl von Mitschriften solcher *mondō* haben wir eine Anzahl der wesentlichsten und prägnantesten hier versammelt. Bei ihrer Wiedergabe haben wir versucht, die Einfachheit, den Humor und auch die gelegentliche Grobheit dieser Dialoge zu erhalten.

Wir hoffen, dass der Leser durch dieses Buch eine enge und vertraute Beziehung zu einer Jahrtausende alten Lehre gewinnen wird, die, so wie der erste Patriarch des Westens sie uns vermittelt, in der weltweiten Krise, die wir durchleben, aktueller ist denn je.

*Die Herausgeber*

*Der Mittlere Weg*

# Der Mittlere Weg

*Ihren Ausspruch «Zen geht über die Religionen hinaus» könnte man dahingehend verstehen, dass das Zen alle Religionen abschaffen und ersetzen soll. Wie meinen Sie das tatsächlich?*

Die Religionen bleiben, was sie sind. Zen ist Meditation. Jede Religion hat als Wurzel die Meditation. Und der heutige Mensch empfindet ein intensives Bedürfnis, zur Quelle des religiösen Lebens zurückzufinden, zu dem reinen Sein, das tief in ihm ist und das er nur durch eigene Erfahrung entdecken kann. Um trotz der mannigfachen Einflüsse, die ihm durch seine Umgebung auferlegt sind, höchste Weisheit und jene Freiheit zu erlangen, die spiritueller Natur ist, muss er seinen Geist sammeln.

Menschliche Weisheit genügt nicht, sie ist unvollkommen. Nur die universelle Wahrheit kann höchste Weisheit verleihen. Entfernen Sie das Wort «Zen», und setzen Sie an seine Stelle: Wahrheit, Ordnung des Universums.

*Wann in der Gchichte des Buddhismus hat sich Zen entwickelt?*

Von dem Augenblick an, als Buddha unter dem Bodhibaum die Erleuchtung erlangte.

In der Folge wurde der Buddhismus durch die traditionellen indischen Religionen und Philosophien stark beeinflusst. Er verlor sich in trockenen Studien und Askese, wie dies im Theravāda-Buddhismus heute noch der Fall ist.

Daher hat Bodhidharma Indien verlassen, um das wahre Zen in eine neue Erde umzupflanzen, China. Der Buddhismus ist dann in China gealtert und verfallen, ähnlich wie heute in Japan. Die Zazenhaltung ist die Essenz der Buddhalehre, und diese Zenpraxis stirbt in China und Japan aus. Daher pflanze ich sie in den unverbrauchten Boden Europas.

*Man hört oft, der Buddhismus sei der Mittlere Weg, der Weg des Gleichgewichts. Im Westen hingegen steht der Begriff der «goldenen Mitte» für die bürgerliche Moral. Könnten Sie etwas über den Mittleren Weg im Zen sagen?*

Der Mittlere Weg besteht nicht darin, sich zwischen zwei hübsche Frauen zu setzen und erst die eine und dann die andere zu küssen. Nein, das ist er nicht. In der Buddhalehre besteht der Mittlere Weg darin, dem Objekt kein Subjekt entgegenzustellen. In der europäischen Kultur gibt es immer einen Dualismus. So stellt man zum Beispiel dem Materialismus den Spiritualismus gegenüber. Die Europäer lieben die «Ismen» sehr. Buddhismus, Katholizismus, usw. Diese «Ismen» sind etwas Relatives, während Materie und Geist tatsächlich eine Einheit bilden und nicht im Gegensatz zueinander stehen. Dieser Dualismus ist der Grund, weshalb Materialismus und Kommunismus sich gegen das Christentum gewandt haben. Der Kommunismus ist aber unvollständig, solange er die Dinge nur unter ihrem materiellen Aspekt betrachtet. Und das Christentum ist gleichfalls unvollständig, denn es betrachtet die Dinge nur unter ihrem geistigen Aspekt. Es gibt Christen, die nicht so denken, aber für die traditionsgebundenen Christen ist das Christentum nur Spiritualität.

Geist und Körper sind ein und dasselbe, wie die zwei Seiten eines Blattes Papier. Im täglichen Leben kann man das eine nicht vom anderen trennen. Einer bevorzugt den geistigen Aspekt, der andere liebt das Materielle. Wenn man das verstehen will, muss man den Mittleren Weg finden: Das Geistige ist materiell und das Materielle wird geistig. Der Geist existiert in jeder unserer Zellen, der Geist ist selbst der Körper, und der Körper selbst ist der Geist.

Allein Aktivität, Energie, Ki, ist nicht dualistisch. Der Mittlere Weg bezieht alles ein. Er ist die höchste geistige Dimension, *mushotoku*. Zen ist der Mittlere Weg.

Man darf sich aber keinen falschen Begriff von diesem Wort «Mitte» machen: Man muss seinen Standpunkt zwischen Materiellem und Geistigem suchen und diese beiden einbeziehen, wie Vorder- und Rückseite eines Blattes Papier.

Daher ist es schwierig, Zen zu verstehen.

Der Mittlere Weg ist ein Weg, der über andere hinausführt. These, Antithese, Synthese; europäische Schlussfolgerungen stellen sich immer in dieser Form dar: das Materielle als These, das Spirituelle als Antithese.

Zen lebt den Mittleren Weg, den der Synthese.

*Für den Buddhismus ist der Glaube wichtig, und auch im Zen findet man verschiedene Objekte des Glaubens: Zazen, das Kesa, den Meister. Aber was ist der Glaube?*

Entscheiden Sie selbst! Jeder ist anders. Jeder glaubt an etwas anderes. Jeder muss den Gegenstand seines Glaubens selbst kennen, ihn selbst erfahren. Sie müssen an das glauben, was Sie selbst am meisten beeindruckt. Ich kann es Ihnen nicht sagen oder objektiv für Sie entscheiden. Das ist sehr wichtig. In fast allen Religionen sagt man Ihnen, Sie müssten dieses glauben oder jenes, an Gott, an Buddha. Ich bin damit nicht einverstanden. Sie müssen das, woran Sie glauben, in sich selbst finden. Der Mönch kann Sie an das Ufer des Flusses begleiten, aber er kann nicht für Sie trinken, ja er kann Sie dazu nicht einmal veranlassen.

Das ist ein subjektives Problem. Daher antworte ich: Entscheiden Sie selbst! Aber das Wichtigste ist zu glauben. An das Höchste, das Letzte zu glauben. Was ist wahr? Die Weisheit des Gehirns möge darüber entscheiden.

Gott, Buddha, das Kreuz ... Im Allgemeinen richtet sich der Glaube nach den Genen, der Erbanlage, der Erziehung, dem Familienmilieu, den körperlichen Gewohnheiten. Aber letztlich ...

Der Hund folgt seinem Herrn. Er vergisst alles Übrige, wenn er seinen Herrn sieht. In seinem Gehirn verändert sich etwas. Er ist treu, er glaubt an seinen Herrn. Genau so ist es: Eine tiefe Liebe ist für den Glauben notwendig.

Den äußersten, höchsten Glauben kann ich für Sie nicht erringen, das müssen Sie selbst tun. Es handelt sich nicht nur um eine Formsache. Ich bin Zenmönch, wie Dōgen, wie Nāgārjuna. Daher glaube ich an das von Buddha eingesetzte Kesa. Mit ihm findet eine unaufhörliche Übertragung statt. Wenn Sie an Buddha glauben wollen, können Sie das tun. Aber ich kann das nicht für Sie entscheiden. Sie müssen die Antwort selbst finden.

*Soll man seine Religion verlassen, um dem Zen zu folgen?*

Ganz wie Sie wollen. Sie müssen sich selbst entscheiden. Sie müssen das Wesentliche suchen, hier und jetzt, entscheiden, was für Sie wichtig ist. Was ist die Lösung für Ihre Probleme?

Religionen sind allzu oft nur Dekoration. Man muss die Texte beherrschen, den äußeren Ablauf der Zeremonien kennen. Aber all das ist nicht wichtig. Religionen und Philosophien wenden sich zu sehr an die Fantasie und verlieren hierdurch an Substanz. Sie müssen sich von diesem Beiwerk frei machen und das Wesentliche suchen. Sie müssen den wahren Wesensgehalt aller Religion entdecken.

*Gibt es für den, der Zen praktiziert, den Begriff Sünde?*

Das Problem der Sünde in der Buddhalehre unterscheidet sich von dem des Christentums.

Im Christentum gibt es den Begriff der Erbsünde. Adam und Eva, der Apfel und die Schlange. In der Buddhalehre haben alle Wesen die Gottes- oder Buddhanatur. Das ist ein völlig anderer, äußerst schwer zu erklärender Begriff. Alles, was existiert, selbst die Steine, alles, was materiell, tierisch oder pflanzlich ist, hat von allem Anfang an die Buddhanatur.

In der Philosophie des Ostens gibt es zwei Schulen: Nach der ersten kommt das Böse im Menschen aus dessen ursprünglicher Natur. Aber die Mehrzahl der Schulen, und speziell die Buddhalehre, vertritt die Auffassung, dass im Ursprung des Geistes das Gute existiert, und zwar gilt das für jedermann. Jeder hat die Buddhanatur, aber Umgebung und Karma verändern sie. Und dieses Karma, das uns von unseren Vorfahren überliefert wurde und unseren reinen Geist beeinflusst, bringt Sünde hervor. Dies ist der Grund für die Existenz des Bösen. Gibt es kein Karma mehr, so kann man den ursprünglichen, den normalen Zustand wiedererlangen.

Wenn man Zazen praktiziert, nimmt das Karma ab und endet schließlich, und die Sünde verschwindet. Mehr zu erklären, wäre sehr schwierig. Das Kind im Leib der Mutter ist ohne Sünde, aber es trägt bereits das Karma aller seiner Vorfahren im Blut.

Vorgestern Abend war hier ein sehr junger Mann, der zum ersten Mal Zazen praktizierte. Er sagte: «Wirklich, ich habe nun verstanden, was wahre Stille ist. Bisher hatte ich nicht eine Stunde in völliger Stille verbracht. Nur in meinem Bett schweige ich, und selbst dort spreche ich manchmal im Schlaf. Aber während des Zazen gibt es wahre Stille.» Ich habe ihm geantwortet: «Im Bauch Ihrer Mutter waren Sie bereits still, auch dies war ein Augenblick völliger Stille.» Er antwortete mir hierauf: «Meine Mutter hat ständig geredet, und mein Karma ist schlecht. Ich habe immerzu Lust zu reden, und es fällt mir schwer, dies nicht zu tun.»

Aber Sie müssen begreifen, dass am Ursprung eines jeden von uns das Schweigen steht. Ihre wahre Herkunft ist nur die Stille.

Zunächst gab es die Stille, dann unablässiges Gerede. Nun sind es schon zwanzig, dreißig, fünfzig oder sogar sechzig Jahre, dass Sie ohne Unterlass reden. Schließlich werden Sie müde, und all das endet mit dem vollkommenen Schweigen im Sarg. Es ist also das Schweigen, das ewig weiterlebt. Nur Ihr Bewusstsein der Stille, der normale Zustand des Geistes, ist ewig. Das ist *kū*, Nirvāna, die ursprüngliche Wahrheit. Im Zen heißt es, man müsse zum Urschweigen zurückkehren, so wie es im Urchristentum heißt, man müsse den Zustand vor dem Sündenfall wiedererlangen.

Wenn Sie Zazen praktizieren, werden Sie in den Zustand vor dem Sündenfall zurückkehren.

*Warum ruft man das Bild der Rückkehr zu den Ursprüngen wach, nicht jedoch das eines Erwachens für das Kommende?*

Was heißt «Erwachen»? Erwachen mit welchem Ziel? Die Europäer haben immer Erleuchtungsideen. Auch «Satori» heißt «Erwachen». Die Leute wollen gern erwachen, aber mit welchem Ziel? Es ist einfacher, sich rückwärts zu wenden. Ein Säugling ist rein. Er ist wahrhaft frei. Er ist überhaupt nicht kompliziert. Er denkt nicht, braucht keinen Geschlechtsverkehr, erhält die Nahrung von seiner Mutter; wenn er Appetit hat, schreit er. Er denkt nicht.

Sie müssen begreifen, was Freiheit ist. Wenn man ausschließlich mit den vorderen Bereichen des Gehirns denkt, wird man verworren. Deshalb ist die europäische Philosophie kompliziert geworden.

Man muss zum Ursprung des menschlichen Wesens zurückkehren. Das ist schwierig. Das ist ein Kōan ...

*Kann man sagen, dass der Tiger, die Katze, oder die Tiere überhaupt, das wahre Zen leben?*

Ja, die Tiere leben das wahre Zen. Und da Tiere so sind, sollte der Mensch ihnen voraus sein. Die Tauben sind sehr einfach, sehr friedlich, überhaupt nicht kompliziert. Manchmal sollten Sie dem Vorbild der Tiere folgen, Sie sollten sich aber auch Ihres Intellekts bedienen.

Die Europäer lieben es, Partei zu ergreifen. Entweder lieben sie die Religion, oder sie hassen sie: immerzu Gegensätze. Wir müssen Religion und Kommunismus, amerikanisches Kapital und arabischen Geist in Einklang bringen. Wenn man immerzu kämpft oder opponiert, kann man den wahren Frieden nicht finden. Man braucht also eine vermittelnde Theorie. Diese hat bisher niemand gefunden. Nur Zen kann es gelingen.

Diese vermittelnde Theorie ist das Prinzip der fünf Lehrsätze der Buddhalehre: Nicht nur These, Antithese, Synthese, sondern das Ganze miteinander in Einklang bringen und alle Widersprüche umfassen. Im *Hōkyō Zanmai* ist dies ausführlich erläutert.

# Das menschliche Dasein

## Das Ego

*Was ist das Ego?*

Das Ego ist das Ego. Im Zazen erkennt man sich. Wie schon Sokrates sagt: «Erkenne dich selbst!»

Ich sage immer: «Sie müssen das Ego begreifen ... Und am Ende gibt es kein Ego, gibt es keine Substanz für das Ego.» Welchem Teil des Körpers sollte man diese Substanz zuordnen, der Nase, dem Gehirn, dem Nabel, dem Kopf? Das ist schwierig. Dem Geist? Aber was ist der Geist? Das wird zu einem Problem, dem größten Problem der Psychologie, der Philosophie und der Religion.

Ich habe Ihnen erklärt, dass wir keine bleibende Substanz haben. Das Ego verändert sich von Augenblick zu Augenblick; gestern – heute – schon ist es nicht mehr dasselbe. Unser Körper verändert sich, unsere Zellen gleichfalls. Wenn man zum Beispiel ein Bad nimmt, lösen sich die toten Hautzellen ab. Unser Gehirn, unser Geist verändern sich; sie sind daher von der Kindheit bis zum Erwachsensein niemals identisch.

Wo existiert also das Ego? Es ist eins mit dem Kosmos. Es ist nicht nur der Körper, der Geist, es ist Gott, Buddha, die ursprüngliche Kraft des Kosmos.

Die wahre Ewigkeit zu finden, ist nicht egoistisch, sondern reine Wahrheit, das, was wahrhaft bleibt. Derart ist die wahre Religion, die wir hervorbringen müssen.

Unser Leben ist mit der kosmischen Ordnung verbunden, es steht in einem Verhältnis wechselseitiger Abhängigkeit mit allem Dasein. Wir können allein nicht leben. Wir hängen ab von der Natur, von der Luft, dem Wasser. Daher dürfen wir keine Egoisten werden. Das ist das große Satori.

Es ist nutzlos, ein Egoist zu sein, denn jeder steht zu jedem und allem in einem Verhältnis wechselseitiger Abhängigkeit. Es ist daher auch nicht nötig, etwas für sich zu behalten.

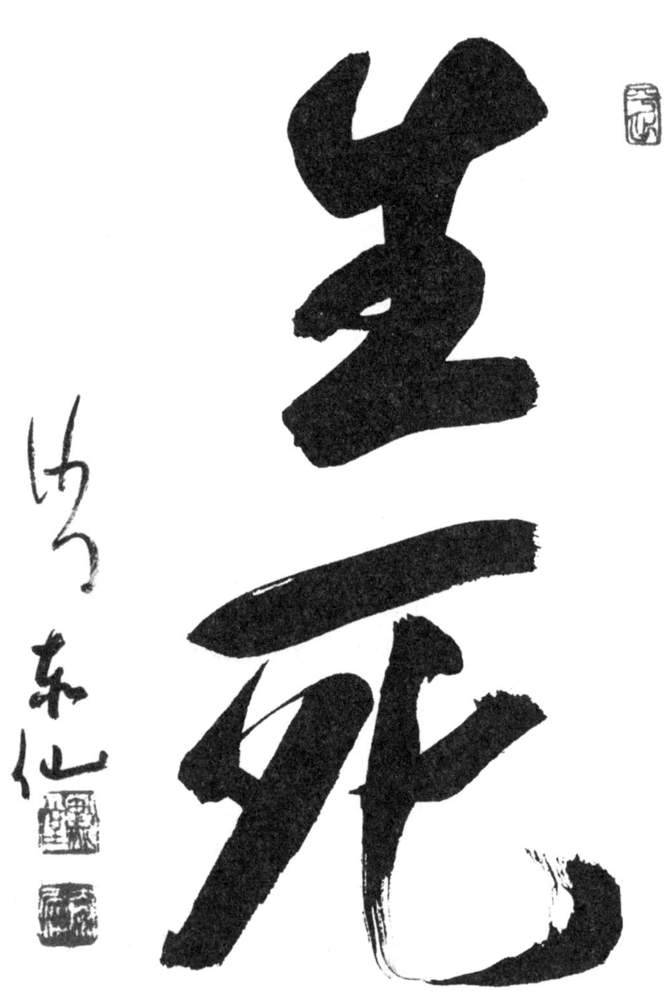


*Leben und Tod*

Das ist sehr wichtig.

Ähnlich schreibt Montaigne in seinen *Essais*: «Jeder schaut nach außen, aber ich will nach innen schauen.» Es ist notwendig, den Blick nach innen zu wenden, denn die meisten Menschen schauen nur nach außen. Und mehr als je zuvor müssen wir heute in der modernen Zivilisation in uns selbst schauen. Der objektive Blick ist leicht, der subjektive ist es nicht ...

*Sie haben gesagt, wir sollten ein Ego haben, und ferner, wir sollten über das Ego hinausgehen. Was bedeutet das?*

Hier scheint ein Widerspruch vorzuliegen. Es ist aber nicht dasselbe, ein starkes Ego oder ein egoistisches Ego zu haben.

Sie müssen Vertrauen zu sich selbst haben. Sie müssen Ihr wahres Ego finden und das Ego zugleich aufgeben. Wenn Sie nicht aufhören Zazen zu praktizieren, wird Ihr wahres Ego stark werden, und Sie werden Ihr eigenes Ich finden. Man kann Sie nicht gegen einen anderen Körper austauschen. Sie bestehen nicht nur aus Organen und Haaren. Sie haben Ihre eigene Persönlichkeit. Aber um sie zu finden, müssen Sie Ihr Ego aufgeben, müssen Sie alles aufgeben, damit nur das wahre Ego zurückbleibt.

Jeder hat sein Karma, ist mit Staub und Schmutz bedeckt. Wenn Sie aber von alldem gereinigt sind, können Sie Ihr wahres inneres Wesen finden.

*Anders als andere zu sein bedeutet auch allein zu sein. Kann man durch Zazen lernen allein zu sein, die Einsamkeit anzunehmen?*

Sie sollten nicht versuchen der Einsamkeit zu entfliehen, indem Sie sich zu sehr anpassen oder sich von anderen abhängig machen. Die Einsamkeit ist gut. Zen ist Einsamkeit. Wenn man beim Zazen mit sich selbst vertraut wird, ist man völlig allein, aber zugleich mit allen anderen, mit dem Kosmos verbunden.

*Was ist Individualität?*

Individualität und ein starkes Ego sind sehr verschiedene Dinge. Es ist sehr wichtig, zu seiner eigenen, besonderen Persönlichkeit zurückzufinden. Sie und ich sind nicht gleich. Sie sind nur Sie selbst. Sie müssen Ihr eigenes Ich finden. Durch Zazen können Sie Ihr schlechtes Karma abschneiden.

Die moderne Erziehung macht die Menschen gleichförmig. Es ist eine Massenerziehung, und selbst die Eltern sind unfähig, die tiefe Individualität ihres Kindes zu begreifen.

Durch Zazen können Sie diese Individualität verwirklichen und stärken.

Es ist die Pflicht eines religiösen Menschen, dies anderen zu lehren. Aber in unserer Zeit erzieht man nur den Intellekt, nicht das Individuum als solches.

*Sie sagen, wenn man Zazen praktiziere, sei man Gott oder Buddha, und andererseits sagen Sie, man müsse das Ego aufgeben. Wie ist das miteinander zu vereinbaren?*

Wenn Sie das Ego aufgeben, werden Sie Gott oder Buddha. Sobald Sie alles aufgeben, sich aller Dinge entledigen, sobald Ihr persönliches Bewusstsein erloschen ist, sind Sie Gott oder Buddha – wenn alles vollendet ist. Es gibt also keinen Widerspruch. Aber wenn Sie sich sagen: «Jetzt habe ich alles aufgegeben und bin nun Gott», wenn Sie denken, Sie wären Gott, dann sind Sie es keineswegs. Das ist der wesentliche Punkt, in dem sich alle irren. Wir können uns nicht selbst bestätigen, dass wir Gott sind.

Wenn ich sage: «Ich habe das Satori», dann ist das Unsinn. Ein Irrer wird erklären, er sei überhaupt nicht verrückt, er sei normal ... Würde der Verrückte sagen: «Vielleicht geht es mir nicht ganz gut, vielleicht mache ich etwas falsch», wäre sein Wahnsinn nicht so gravierend und könnte sicherlich geheilt werden. Wenn er aber sagt, er sei Gott oder Buddha, handelt es sich um eine unheilbare Geisteskrankheit.

Wenn alles vollbracht ist, alles abgelegt, wird man Gott oder Buddha.

Für den, der die Zazenhaltung betrachtet, ist diese Haltung an sich Gott oder Buddha. Das Authentische ist unbewusst.

Das ist eine gute Frage, in der sich alle Welt irrt. In den Sūtren ist immerfort die Rede davon, und jedermann spricht darüber.

Daher wiederhole ich unermüdlich, dass es keinen Sinn hat, sich, wenn man Zazen praktiziert, zu sagen: «Ich muss dies oder das werden» – unbewusst, natürlich, automatisch können Sie es werden. Das ist die Essenz des Sōtō-Zen.

Mushotoku ... ohne Ziel ... ohne Objekt, allein auf die Zazenhaltung konzentriert.

*Sie haben geschrieben, dass man «sich in seinen Sarg lege», wenn man Zazen praktiziert. Obwohl man weiß, dass man nicht existiert, behält man trotzdem das Gefühl zu existieren!*

Sicherlich. Man ist nicht tot! Wenn Sie Ihre Existenz nicht fühlten, wären Sie vollkommen tot. Ich habe gesagt, Sie sollten Zazen praktizieren, so als legten Sie sich in Ihren Sarg. Das ist ein Gleichnis.

Warum ist der Tod in allen Religionen ein Problem? Weil die Menschen Egoisten sind und das Ego wichtig ist. In dem Augenblick, wo man die Frage des Todes lösen kann, gibt man das Ego völlig auf. Wenn man keine Angst vor dem Tod hat, ist man nicht egoistisch. Daher sage ich, man muss Zazen «in seinem Sarg» praktizieren. Das wahre Zazen bedeutet, das Ego aufzugeben. Das Ego existiert nicht. Es besitzt keine bleibende Substanz. Das ist das Satori.

Was ist das Ego? Die Ohren, die Nase, das Gehirn? Ist es vom Übrigen getrennt? Jeder ist egoistisch, doch letztlich wird man durch die kosmische Ordnung gelebt. Man kann das Herz nicht anhalten, das ist unmöglich. Man will nicht denken, und dennoch steigen Gedanken auf. Man lebt infolge und durch den Antrieb der wechselseitigen Abhängigkeit. Die Substanz existiert nicht, daher kann man sie aufgeben.

Wenn man das versteht, wenn man das Ego aufgibt, kann man vollkommen glücklich werden. Wenn man an sich selbst haftet, kann man nicht glücklich sein.

Die egoistischen Leute werden krank, ihr Leben ist nicht frei. Wenn sie aber ihren Egoismus vermindern, können sie glücklich werden. Alle wahren Religionen lehren das.

Im Christentum hat Jesus sich für die Menschen geopfert, daher lebt er. Die Religionen lehren, das Ego aufzugeben, um den anderen zu helfen, ihnen zu dienen. Es gibt nichts, was für ein menschliches Wesen schwieriger wäre, denn die moderne Zivilisation ist aufs Äußerste egoistisch. Die Menschen sind unglücklich. Es ist schwierig, das Ego aufzugeben, dennoch muss man die anderen in diese Richtung lenken.

*Welches ist die richtige Geisteshaltung, wenn man während des Zazen Angst davor hat, sein Ego aufzugeben?*

Es hat keinen Sinn, darüber nachzudenken. Wichtig ist, dass man nicht aufhört, Zazen zu praktizieren. Im Spiegel erscheint Ihr Gesicht; Sie spiegeln sich selbst, Sie können Ihren Geist sehen, ihn verstehen und Ihr wahres Ego erkennen.

*Ich verstehe das Symbol des Spiegels im* Hōkyō Zanmai *nicht: «Das Spiegelbild bin ich, aber ich bin nicht das Spiegelbild.»*

Beim Zazen kann das subjektive Ich das objektive Ich betrachten und umgekehrt. Wir können uns darüber Rechenschaft ablegen, dass wir nicht so besonders gut sind und manchmal sogar schlechter als die anderen, denn während des tiefen Zazen treten die wahren Wünsche zutage. Wir können sie vollständig erkennen.

Wir haben immer zwei Egos, aber das heißt nicht eine doppelte Persönlichkeit.

Das objektive Ego ist der gute Geist. Es ist der Geist Gottes, der Geist Buddhas, derjenige, der sieht. Wir können uns zutiefst betrachten, wach werden und nachdenken. In diesem Augenblick werden wir rein und können uns noch besser rein halten.

Im täglichen Leben können wir nicht wahrhaft rein sein. Aber auf lange Sicht, mit der durch Zazen gewonnenen Erfahrung, wird unser Leben rein, selbst wenn es durch das Übermaß der Wünsche unrein geworden wäre. Im täglichen Leben können wir wegen unseres Karmas keine vollständige Reinheit erreichen. Jeder hat sein Karma. Das Beste, um vollständige Reinheit zu erlangen, ist der Sarg! Daher ist Religion im Leben notwendig.

Indes lässt die Reinheit nach dem Zazen wieder nach, denn im menschlichen Wesen existieren beide Aspekte. Aber wenn wir die Erfahrung des religiösen Lebens gemacht haben, wird dieser objektive Geist zu einem guten subjektiven Ego führen, und der Geist wird frisch und frei werden.

*Meister Dōgen hat gesagt: «Ich bin nicht die anderen ...»*

Das ist eine bedeutende Geschichte und zugleich ein Kōan.

Ich bin nicht die anderen. Ich selbst muss handeln. Wenn ich es nicht selbst praktiziere, kann ich über etwas nichts aussagen.

Hier als Beispiel die berühmte Geschichte von den Pilzen: Meister Dōgen war nach China gereist, um dort wahre Weisheit zu finden, um Zen zu verstehen. Aber obgleich er vieles studiert hatte, war er doch nicht zum rechten Verständnis gelangt. Die Kultur des Buddhismus und des Zen war damals in China sehr verbreitet, und er war von Tempel zu Tempel gewandert. Er war jedoch von den empfangenen Lehren nicht befriedigt und wollte deshalb schon nach Japan zurückkehren.

Eines Tages betrat er einen kleinen Tempel. Es war Sommer und sehr warm. Ein alter Mönch arbeitete dort. Seine Arbeit bestand darin, Pilze zu trocknen. Trotz seines Alters breitete er die Pilze in der Sonne aus.

Dōgen sah dies und stellte ihm eine Frage:

«Warum arbeitet Ihr so hart? Ihr seid ein alter Mönch und sogar Vorsteher. Man muss die jungen Mönche für solche Arbeiten einteilen. Ihr braucht nicht zu arbeiten, und außerdem ist es heiß. Macht das doch ein anderes Mal.»

Dōgen war damals noch jung. Die Antwort des alten Mönchs, eine sehr interessante Antwort, wurde im Sōtō-Zen sehr berühmt, und durch sie erlangte Dōgen Satori.

Der Mönch sagte zu ihm: «Ihr seid aus Japan gekommen, junger Mann, Ihr seid intelligent, Ihr versteht die Buddhalehre, aber das Wesen des Zen versteht Ihr nicht. Würde ich das nicht selbst machen, würde ich nicht hier und jetzt arbeiten, wer könnte dann verstehen? Ich bin nicht Ihr, ich bin nicht die anderen. Die anderen sind nicht ich. Daher können die anderen diese Erfahrung nicht erproben. Würde ich nicht arbeiten, würde ich nicht selbst hier und jetzt etwas zu erfahren suchen, so könnte ich es nicht verstehen. Wenn ein junger Mönch mir bei der Arbeit helfen würde, wenn ich lediglich zuschaute, könnte ich die Erfahrung des Trocknens von Pilzen nicht machen. Würde ich sagen: Tut dies oder das, legt jenes hierhin oder dorthin, könnte ich diese Arbeitsgänge nicht selbst erfahren. Ich könnte das Handeln im Hier und Jetzt nicht begreifen ...»

«Ich bin nicht die anderen, und die anderen sind nicht ich.» Dōgen war sehr überrascht, und er verstand. Er war sehr intelligent. Also sagte er sich: «Ich muss doch noch in China bleiben.» Er hatte theoretische Studien betrieben, er suchte mit seinem Intellekt und dachte ständig nach, aber in diesem Augenblick verstand er: «Wenn ich es nicht selbst erprobe, werde ich das wahre Zen nicht verstehen können. Zen kann mit dem Intellekt nicht begriffen werden.»

Der alte Mönch und Dōgen haben einander verstanden. Dōgen war überrascht und zutiefst beeindruckt. Er meinte: «Doch warum trocknet Ihr die Pilze heute? Macht es ein anderes Mal!» Und der alte Mönch antwortete: «Das Hier und Jetzt ist sehr wichtig. Man kann die Pilze an keinem anderen Tag trocknen. Wenn dieser Augenblick verloren geht, wird man sie nicht mehr trocknen können. Vielleicht wird es regnen, oder die Sonne wird nicht genug Kraft haben. Man braucht einen heißen Tag, um Pilze zu trocknen. Daher ist es richtig, dies heute zu tun. Geht jetzt, ich muss arbeiten. Wenn Ihr das wahre Zen finden wollt, müsst Ihr meinen Meister im Dōjō aufsuchen.» Dōgen besuchte nun den Meister dieses alten Mönchs, der ihn unterwies. So verstand er das wahre Zen, das er bis zu diesem Tag nicht hatte verstehen können.

Meister Dōgen blieb ein Jahr in diesem Tempel, dann empfing er das Kesa, das die Übertragung der Lehre verkörpert. Dann kehrte er nach Japan zurück. Aber das Prinzip seiner Philosophie blieb: «Hier und jetzt. Die anderen sind nicht ich, ich bin nicht die anderen. Wenn ich nicht selbst praktiziere, kann ich kein Verständnis erlangen. Wenn ein anderer es tut, kann ich daran nicht teilhaben.» Das ist ein wichtiger Grundsatz.

Der andere wichtige Grundsatz ist: «*Shikantaza*, nur Zazen.» Man braucht kein Kōan, kein Denken – nur Zazen. Descartes hat gesagt: «Ich denke, also bin ich.» Ich sage: «Ich denke nicht, daher bin ich.»

Wenn man Kategorien bildet, wenn man zu viel denkt, begrenzt man sein Bewusstsein. Aber unser Bewusstsein ist sehr tief, wie der Kosmos. Es steht zu ihm in Beziehung. Wenn man nicht denkt, wird das Bewusstsein ewig, kosmisch. Das ist sehr wichtig. Wenn man während des Zazen denkt, kann man das kosmische Bewusstsein nicht erreichen, weil man sich begrenzt. Man kann das Unbegrenzte nicht erreichen.

Wenn man nicht denkt, kann man unbewusst denken. Wenn ich nicht denke, bin ich hier. Ich denke nicht, also bin ich.

*Ob man denkt oder nicht, trotzdem existiert man. Beides ist wichtig. Welches von beiden geht dem anderen vor?*

Wenn man nicht denkt, wird man zur Ewigkeit, weil das Bewusstsein dann unbegrenzt ist, unendlich. Es reicht bis zu Gott, bis zu Buddha, dem Kosmos, der Wahrheit.

Wenn es kein Ego mehr gibt, gibt es keine Dualität. Wenn es mich gibt und die anderen, so ist das Dualität. Wenn es kein Ich mehr gibt, dann gibt es auch die anderen nicht. Es gibt nur eine wechselseitige Abhängigkeit. Das ist das Nicht-Denken.

Sie dürfen Ihre Gedanken nicht durch Worte oder Redensarten einengen. Von dem Augenblick an, wo Sie selber Kategorien bilden, taugen Worte nichts mehr. Europäer bilden immer Kategorien aus ihrem Wortschatz und stoßen dabei manchmal auf Widersprüche. In der Sprache gibt es immer Dualität. Wenn ich sage: «Was ist das? – Das ist dies», dann ist das die letzte Antwort auf diese Frage. «Was ist das?» – «Das ist ein Kyōsaku.» Es wäre aber ebenso richtig zu antworten: «Das ist Holz.» – «Was ist das?» – «Eiche.» Diese Antwort wäre auch nicht falsch. Im Zen sind Diskussionen immer so. Jemand sagt: «Die Flamme bewegt sich.» Ein anderer sagt: «Nein, es ist nicht die Flamme, der Wind bewegt sich.» Ein anderer, Intelligenterer, sagt: «Weder Flamme noch Wind, euer Geist bewegt sich.» Und schließlich sagt eine weitere Person: «Weder Wind noch Flamme, noch euer Geist ist es.» Sie müssen begreifen, warum die anderen nicht Sie sind. Wenn ich etwas nicht selbst tun kann, kann ich es nicht erklären. Ich bin nicht die anderen. Ich bin das, was ich bin. Ich bin ich selbst. Es ist nicht notwendig, anderen zu folgen.

Es gibt viele Deutungen. «Ich bin ich.» – «Es ist nicht notwendig, anderen zu folgen.» Ich muss selbst entscheiden. Ich muss selbst handeln. Die anderen sind nicht ich, das ist wahr. Aber andererseits haben mein Geist und ihr Geist dieselbe Substanz. Ich bin Himmel und Erde gleich. Wenn man alles aufgibt, wird man der andere. Das heißt das Ego aufgeben. Darüber darf es keinen Irrtum geben.

Das ist Meister Dōgens Pilz-Kōan.

## Das Karma

*Was ist Karma?*

Ich habe mich schon oft hierüber gesprochen. Karma bedeutet «Handlung».

Wenn Sie schlagen, ziehen, mit den Fingern auf etwas zeigen, haben diese Gesten eine Wirkung. Zazen hat ebenfalls eine Wirkung, hier und jetzt und für die Zukunft.

Es gibt das Karma des Körpers, des Wortes und des Bewusstseins. Wenn Sie einen Menschen töten, wird das Karma dieser Tat eines Tages in Ihrem Dasein oder dem Ihrer Abkömmlinge erscheinen, selbst wenn Sie der Justiz entkämen. Das ist kein Problem der Moral ...

Das beste Karma ist Zazen: Die Körperhaltung ist einfach und exakt. Man schweigt, und der Geist geht über das Denken hinaus. Das Karma verschwindet. Es ist nutzlos, ihm entkommen oder es zudecken zu wollen. Vielmehr muss man gutes Karma erzeugen.

Während des Zazen lässt man die Träume, die Illusionen, an sich vorüberziehen, woraufhin sie verschwinden. Man denkt nicht, und dies führt zu einem frischen Denkvermögen. Zen erfrischt das Gehirn, die Gesichter werden edel. Wenn man die vorderen Bereiche des Gehirns, den Sitz des Denkens, zur Ruhe bringt, strömt unendliche Weisheit hervor.

*Haben die Begriffe Schicksal und Karma dieselbe Bedeutung?*

Nein, das ist nicht das Gleiche.

Karma ist gleich Handlung. Handlung unseres Körpers, unseres Bewusstseins, unserer Worte. Wenn ich Ihnen zum Beispiel einen Faustschlag versetze, dann ist das Karma, dann ist das eine Handlung, die Karma wird. Wenn man spricht, bringt man Karma hervor. Wenn man denkt, schafft man ein Karma, das in unserem Alaya-Bewusstsein erzeugt wurde. Wenn man stiehlt, entsteht Karma – ein schlechtes Karma, das böse Früchte tragen wird.

Bei einem Sesshin etwa betrug sich einmal einer meiner Schüler nicht gut. Zu viel Sex, zu viel Alkohol. Am Abfahrtstag hatte er gemeinsam mit einem Mädchen einen Autounfall. Das Karma verwirklicht sich schnell. Selbst die Wirkungen unbedeutender Handlungen werden sichtbar. Wenn wir mit Worten, Werken oder Gedanken etwas tun, entsteht mit Sicherheit Karma.

Wenn Sie geboren werden, haben Sie ein Karma, zum Beispiel das der Vorfahren, der Großeltern. Die Charaktere sind verschieden. Aber man kann das Karma ändern, während das Schicksal eine Konstante ist. Wenn Sie Zazen praktizieren, ändert sich Ihr Karma vollständig und wird besser.

Während des Zazen bringt Ihr Körper das höchste Karma hervor, denn die Zazenhaltung ist die höchste Handlung. So ist es auch mit den Worten: Worte sind nicht besonders gut, und Schweigen ist das beste Karma. Beim Zazen befindet sich auch das Bewusstsein auf seinem höchsten Stand und bringt das höchste Karma hervor. Auf diese Weise können Sie sogar schlechtes Schicksal in gutes verwandeln.

Das Karma ist ein Grundbegriff der Buddhalehre. Man findet dasselbe Problem aber auch in den anderen Religionen wieder: Wie kann man sein Karma verändern? Wie kann man das schlechte Karma abschneiden und ein besseres Karma bekommen? Ich meine, dass Zazen die beste Methode bleibt.

Das Bewusstsein ist sehr wichtig. Die anderen Religionen lassen sich nur das Karma des Körpers oder des Wortes angelegen sein. Wie kann man aber durch den Gedanken gutes Karma schaffen? Durch das Hishiryō-Bewusstsein.

*Wo beginnt das individuelle Karma?*

Hier und jetzt. Es tritt dauernd in Erscheinung, in jedem Augenblick, selbst während der Zazenpraxis ... Es hört erst im Sarg auf.

*Und wenn man schläft?*

Sie träumen: Was an die Oberfläche steigt, ist das Karma. Sie bewegen sich, Sie kratzen sich ... Selbst im Bett bringt der Mensch Handlungen hervor: Wenn er zu viel getrunken hat, schnarcht er. Das Karma steigt auf, es erscheint überall. Das ist sein Charakteristikum.

Wenn Sie hierher gekommen sind und Zazen praktiziert haben, dann ist sicherlich Ihr vergangenes Karma an die Oberfläche gestiegen. Der Umstand, hierher gekommen zu sein, bedeutet, dass ein gutes Karma aus der Vergangenheit Sie angetrieben hat. Es ist schwer, sich zu entscheiden, die zehntausend guten Taten zu tun. Aber Zazen zu praktizieren ist eine absolute Handlung. Nur das ist unendlich gutes Karma, und gewiss wird auch dieses Karma sich verwirklichen. Selbst wenn jemand nur einmal Zazen praktiziert und dann damit aufhört, wird dieses Karma sein Dasein beeinflussen.

*Wie kann man von Zen angezogen sein, wenn man ein schlechtes Karma hat?*

Alle haben ein schlechtes Karma. Auch Sie selbst haben ein schlechtes Karma. Das Karma ist nichts Einheitliches. Es gibt viele Arten von Karma. Die Quelle ist sehr rein, die Nebenflüsse werden schlammig. Alle Ihre Gedanken, alle Ihre Handlungen beeinflussen Ihren Körper, Ihr Gesicht. Alles wird Karma. Wenn Sie lügen, bringen Sie Karma hervor.

Das *Hannya Shingyō* zu rezitieren, ist ein gutes Karma. Im täglichen Leben den Mund zu halten, ist ein gutes Karma. Alle sprechen dauernd. Schweigen ist ein gutes Karma.

Wenn Sie Appetit haben auf etwas Gutes und nicht davon essen, schaffen Sie ein gutes Karma. Wenn man zu viel Whisky oder Cognac getrunken hat und dann damit aufhört, bringt das ein gutes Karma hervor. Alles wird Karma.

Zazen zu praktizieren, ist das größte und absolute Karma. Karma ist nicht nur eine Seite. Die beiden Waagschalen müssen immer im Gleichgewicht sein: Eine gute Handlung wiegt eine schlechte auf.

*Was bedeutet «sein schlechtes Karma bekennen»?*

Sein vergangenes Leben betrachten: «Ich bin gut gewesen oder schlecht.» Wenn man Zazen praktiziert, kann man seine Schwächen tiefer und tiefer erkennen, seine – nicht nur vom moralischen Standpunkt aus betrachtet – schlechten Seiten. Sich selbst kann man nicht belügen. Das ist das Schuldbekenntnis.

«Ich praktiziere weiterhin Zazen, und je besser das geht, desto mehr sehe ich, dass ich wirklich der Schlechteste von allen bin.» Wenn Sie das verstehen, dann werden Sie tiefgründig. Wenn Sie Ihr Ego objektiv verstehen, gleichen Sie Gott.

Das ist die höchste Dimension. Während des Zazen kann man verstehen. Es ist nicht der Mühe wert, anderen zu beichten, man muss sich selbst beichten. Das ist die größte Beichte.

Der wahrhaft Verrückte kann nicht verstehen, dass er verrückt ist. Aber ein Verrückter, der versteht, dass er verrückt ist, ist es nicht. Der normale Zustand des Geistes ist Satori!

*Wenn man weiß, dass man moralische Schwächen hat, dass man schlechte Wesenszüge aufweist, ist es dann besser, dagegen anzukämpfen, oder sie still zu vergessen, damit sie sich automatisch verwandeln?*

Beides. Die Europäer trennen immer und schaffen einen Dualismus, aber tatsächlich sind beide Haltungen notwendig. Etwas ändern wollen heißt ein Ziel haben, und das ist unnütz. Ein Hindernis, und Sie straucheln. Aber manchmal ist es gut, ein Ziel zu haben.

Wenn Sie wirklich und tief verstehen wollen, dürfen Sie kein Ziel, dürfen Sie überhaupt nichts haben. Das ist Shikantaza. Wenn Sie ständig kämpfen, um etwas zu erhalten, so werden Sie hierdurch einem Asketen gleich und wie ein Einsiedler in den Bergen; das ist nur eine der Formen, die der Egoismus annimmt.

Wenn Sie mit der Praxis des Zazen fortfahren, werden Sie über Vorzüge und Fehler hinausgelangen.

Einem Maler gleich müssen Sie Ihr Ego aufgeben, um ein Meisterwerk zu schaffen.

Konzentrieren Sie sich ohne Ziel, hier und jetzt, und haften Sie nicht daran, etwas ändern zu wollen.

*Was sind gute Taten?*

Die Zazenpraxis ist die einzige absolute Handlung.

Selbst wenn man sich vornähme, zehntausend gute Taten zu tun, wären diese Taten doch schwer zu verwirklichen. Nett zu jemandem sein zum Beispiel ... Es gibt so viele gute Taten, aber solange Sie nicht frei von Zielvorstellungen sind, ist es für Sie schwierig, sie auszuführen.

Wenn Sie Zazen praktizieren, können Sie liebenswürdig sein, unbewusst, natürlich, automatisch lieben, ohne Zweckdenken. Es ist nicht notwendig, dass Sie mit Ihrem eigenen Willen entscheiden. Man kann alles tun, aber man darf nicht wählen!

Die modernen Menschen wollen Gutes tun. Das Gehirn begreift: «So oder so musst du handeln.» So bringt es Beschränkungen hervor. Der Wille – Ihr Wille – will führen, und dadurch wird alles kompliziert.

Wenn Sie der kosmischen Ordnung folgen, können Sie, indem Sie zur Quelle des Zazen zurückkehren, das wahrhaft gute Karma hervorbringen. Das ist der Glaube. Das ist religiöses Verhalten.

Wenn Sie mit Ihrem persönlichen Bewusstsein darüber nachdenken, ob Sie dieses oder jenes tun sollen, was Ethik oder Moral von Ihnen verlangen, wird das Leben schwierig. Sie engen Ihr Dasein ein und können die wahre Freiheit niemals finden.

Wenn Sie aber Zazen praktizieren, werden Ihre Handlungen frei. Unbewusst, natürlich, automatisch.

## Illusion, Anhaften, Leiden

*Was ist das Leiden, und warum leidet man?*

Nur Ihr Geist leidet. Wenn Sie Angst haben, leiden Sie, aber dieses Leiden verschwindet, wenn Sie die Wurzeln der Angst abschneiden.

Auch Buddha stellte sich diese Frage.

Allein das Ego leidet, ohne es gäbe es kein Leiden mehr. Dieses Leiden kommt aus den Vorstellungen, die man vom Leben, der Familie, den Wünschen, der Zukunft hat. Daher rät die Buddhalehre, mit Familie, Geld, Gesellschaft etc. zu brechen.

Das bezieht sich aber nur auf die geistige, nicht auf die materielle Ebene. Erst wenn Sie das Band der Liebe zu Ihrer Familie durchgeschnitten haben, können Sie diese wirklich und tief, ohne Egoismus lieben.

Das Verständnis dafür, was das Ego ist, bringt diese tiefe und wahre Liebe hervor, eine Liebe ohne Zielvorstellung und Gewinnstreben, eine Liebe, die universell und ewig ist.

Das Leiden ist also sinnlos.

Liebe und Arbeit werden kein Leiden mehr hervorrufen. Die Wurzeln des Leidens werden abgeschnitten sein, «wie im Sarg».

In Ihnen wird nichts mehr zurückbleiben; wenn Sie das Ego aufgeben, bedeutet das wahres Glück.

Nach außen hingegen fährt man fort zu handeln, zu lieben, zu arbeiten. Darin liegt überhaupt kein Widerspruch. Es ist dies der normale Zustand des Geistes, der die Harmonie mit den anderen auf der Grundlage wahrer innerer Freiheit und wahrer Einfachheit ermöglicht. Religion bedeutet, dieser inneren Freiheit und nicht irgendeiner Moral zu folgen. Die wahre Religion bedeutet, mit der Außenwelt, mit der Gesellschaft, mit allem, was uns umgibt, in Harmonie zu leben. Dieses ist der Standort des Bodhisattvas und des Mönchs.

Es ist das Problem aller Religionen, das Leiden aufzuheben. Dieses Problem ist ihr Ursprung und die Quelle jedes spirituellen Lebens. Das größte Leiden ist der Tod. Daher brauchen wir ein spirituelles Leben.

*Wie kann man den Schwierigkeiten des Lebens entgehen?*

Schwierigkeiten zeigen an, dass man noch nicht weise genug ist. Wird man weise, so wird man seine Probleme los.

Wenn Sie tiefgründig werden wollen, müssen Sie durch Ihre Probleme hindurchgehen. Wenn Sie Zen verstehen wollen, dann gehen Sie durch die Schwierigkeiten eines Sesshin hindurch. Wenn Sie durch diese Schwierigkeiten gegangen sind, werden Sie verstehen können. Sie müssen durch sie hindurchgehen, um stark zu werden. Diejenigen, die keine Schwierigkeiten erfahren haben, haben ein anderes Gesicht, einen anderen Geist. Erst mit den Problemen, falls sie verstanden haben, finden sie zur wahren Einfachheit des Kindes, zum wahren Geist zurück. Für sie wird es keine schwierigen Situationen mehr geben.

*Ist es notwendig, durch Krankheit, Tod und Leiden zu gehen, um Kū zu erreichen?*

Diese Erfahrung ist *mujō*, die Unbeständigkeit, die eigentliche Quelle der Buddhalehre, die ursprüngliche Erfahrung Buddhas.

Wie kann man das Leiden aufheben? Diese Frage steht am Ursprung fast aller Religionen. Es ist aber nutzlos, sich zu sagen: «Ich muss das Leid verstehen, und dazu muss ich Leid auf mich nehmen.» Leid werden Sie in Ihrem Leben sicherlich ohnehin erfahren. Wenn Sie Zazen praktizieren, können Sie Ihr Leid objektiv erkennen. Die Zeit vergeht, und das Leid erscheint Ihnen wie ein Traum.

Im Leid muss man sich manchmal objektiv betrachten, wie beim Zazen. Dann verliert es an Bedeutung. Es verschwindet, so wie die Wünsche und Qualen im Augenblick des Todes vergehen.

*Kann man, indem man Zazen praktiziert, Anhaftung und Wünsche durch die Kontrolle des Geistes und der Körperhaltung völlig ablegen?*

Ja, aber nicht in einem einzigen Sesshin. Daher darf man mit der Praxis nicht aufhören.

Bindungen abzulegen ist sehr schwer. Das Anhaften verkörpert das unmanifestierte Karma. Intellektuell weiß man, dass man sich vom Anhaften frei halten soll, aber in der Praxis ist das sehr schwer zu verwirklichen.

Wenn man nicht aufhört Zazen zu praktizieren, nehmen die Bindungen ab, unbewusst, natürlich, automatisch, und wenn man dann an etwas haften will, kann man es nicht mehr – Satori.

Einer meiner Schüler fragte mich: «Ich habe eine Verlobte und hänge sehr an ihr. Wie kann ich mich von dieser Anhaftung befreien?» Ich habe ihm geantwortet: «Legen Sie sich zwei, drei oder noch mehr Verlobte zu. Dann wird die Anhaftung sich verändern, sich verteilen und abnehmen. Schließlich werden Sie erschöpft und überhaupt nicht mehr gebunden sein.»

Wenn Sie weiter Zazen praktizieren, brauchen Sie keine willentliche Anstrengung mehr. Sie werden auf unbewusste Weise ruhig. Wenn Sie Zazen praktizieren, gehen Sie in ihren Sarg, und dort ist nichts mehr derart wichtig, dort ist es nicht nötig, sich an etwas zu binden.

Wenn Sie an etwas haften, kann Ihr Tun nicht ausgewogen sein, denn Sie handeln affektiv ... Aber durch Zazen verschwindet die subjektive Bindung, Sie können stark werden, auf kraftvolle Weise handeln und in Einklang mit Ihrer Umgebung leben. Dann wird der Geist völlig ruhig.

*Ist es nicht auch eine Form der Anhaftung, das ewige Leben seiner Seele anzustreben?*

Ja, alle wünschen das. Aber nicht alles am Anhaften ist schlecht. Nehmen wir zum Beispiel die Bindung an das Zazen. Das Anhaften am Satori ist besser als die Abhängigkeit vom

Sex. Es ist dies kein Anhaften, sondern eine Hoffnung, ein Ideal.

*Ist Buddha dadurch Buddha geworden, dass er all seine Illusionen abgelegt hat?*

Ein wenig davon war ihm sicher noch verblieben!

Es ist nicht möglich, alle Illusionen abzulegen, selbst für Buddha nicht. Aber während des Zazen konnte er sein Karma sehen und erlangte so Satori. Hat er nur die Wurzel des Übels gesehen und so alles verstehen können? Man kann nicht alle Illusionen abschneiden, nicht einmal während des Zazen ... Aber man kann in sich selbst sehen, wie der Irrtum entsteht, und das ist Satori.

Wenn Sie während des Zazen denken, sie hätten Satori erlangt, sind Sie ziemlich verrückt. Hätte Buddha das gedacht, würde er das Satori nicht erlangt haben. Er hat aber sein Karma verstanden, und das ist das Wichtige an seiner Erfahrung.

Sie müssen Ihr Karma verstehen. Wenn Sie wahrhaft verstehen, wenn Sie sich selbst ein Schuldbekenntnis ablegen, erlangen Sie Satori und können Ihr Karma abbauen.

*Ist die Freiheit etwas Wirkliches, oder ist sie eine Illusion?*

Die wahre Freiheit befindet sich innen im Geist. Manche Personen scheinen äußerlich frei, innerlich sind sie es aber keineswegs. Trotz der Ordensregel fühle ich mich frei. Ich habe keine großen Wünsche, ich lebe einfach. Selbst wenn ich Misserfolge erleben, selbst wenn meine Aufgabe hier scheitern würde, wäre ich bereit, nur mit meinem Koromo [dem Mönchsgewand], meinem rasierten Schädel und meinem Kesa am Straßenrand zu schlafen, als wahrer Zenmönch.

Menschen, die ehrgeizig sind und voller Wünsche, sind immer auf der Suche nach der Freiheit, können sie aber nicht erlangen; sie sind immer ängstlich, traurig, ihre Wünsche nehmen nur immer noch zu, und schließlich werden sie krank und neurotisch. Freiheit bedeutet nicht, zu tun, was man will. Erfüllte Wünsche bringen keine Freiheit, denn die Wünsche der Menschen sind unerschöpflich.

Besser ist es, seine Wünsche zu verringern. Die Freiheit ist anders für jedes Alter, für jedes Karma. Die Jungen sollten nicht einseitig und engherzig werden, unter dem Vorwand ihre Wünsche zu begrenzen. Der Mittlere Weg, das Gleichgewicht ist wichtig.

Man soll seine Wünsche so weit wie möglich sublimieren, dann kommt dank einem spirituellen Ideal die Freiheit.

*Sie sagen oft, Zazen biete die größte Freiheit, und ferner, man könne seine Illusionen nicht völlig ablegen. Liegt hierin nicht ein Widerspruch? Wie kann man Illusionen und Freiheit miteinander vereinbaren?*

Das ist möglich. Tatsächlich enden die Illusionen erst im Sarg, aber es ist wichtig, sie zu kontrollieren. Sie mit einem Keuschheitsgürtel abzuschneiden, macht allerdings hysterisch ...

Wie kann man sie also durch die Praxis des Zazen kontrollieren? Kontrollieren ist nicht gleichbedeutend mit abschneiden. Wenn man zum Beispiel im modernen Leben Geld verdienen will, konzentriert man sich auf das Geld, aber ohne dem Geld nachzulaufen, ohne an diesem Geld zu haften. Man nimmt es ohne Gier, sonst läuft es wieder davon – wie eine Katze. Es ist besser, ruhig zu bleiben, ohne Angst. Auf diese Weise können wir die Wünsche durch Zazen kontrollieren, wenn sie auftauchen.

*Was bedeutet «Satori und Illusionen sind identisch»?*

Ich sage immer, dass Satori zu Illusion, Illusion zu Satori wird. Beim Zazen steigen Illusionen auf, gehen vorüber und lösen sich auf.

Die Menschen im Westen unterscheiden immer zwischen Illusion und Satori. Sie bilden Kategorien; auf der einen Seite das Gute, auf der anderen das Böse. So einfach ist es nicht. Aus dem Guten kann das Böse werden und umgekehrt. Unglück kann Glück nach sich führen und umgekehrt.

Wenn man es nur einfach hat, führt es nicht zum Glück. Wird man aber seine zahlreichen Illusionen los, dann führt das zu einem großen Satori. In einem Sūtra heißt es, dass die Illusionen zum Wasser des Satori werden. Die Beziehung ist dieselbe wie zwischen Eis und Wasser: Illusion wird Satori. Ein großes Stück Eis ergibt, wenn es schmilzt, viel Wasser, und die Illusionen, die in Massen verschwinden, ergeben das Satori. Es wäre aber ein Irrtum anzunehmen, nur weil man viele Illusionen hat, würde man automatisch das Satori erlangen.

Auf Schwierigkeiten folgt das Glück. Je größer die Schwierigkeiten sind, desto größer ist das Glück. Die Jungen scheuen die Schwierigkeiten und sind überhaupt nicht mehr glücklich. Zazen ist schwierig, aber es macht glücklich. Wenn Sie weiterhin regelmäßig Zazen praktizieren, und wenn Sie die Erfahrung eines Sesshin gemacht haben, werden Sie, wenn Sie wieder ins tägliche Leben zurückkehren, sehr glücklich sein.

Man leidet beim Zen, aber man gewinnt an Tiefe. Die Persönlichkeit wird reicher. Trotzdem soll man sich nicht vorstellen, man müsse unbedingt leiden, um tief zu werden. Zazen ist wie ein Spiegel. Der Spiegel ändert sich nicht. Er ist immer rein, und die Illusionen verdunkeln ihn nicht! Während des Zazen kann man sich davon überzeugen, dass man denkt; die Illusionen ziehen vorbei und an dem Spiegel vorüber. Selbst wenn wir sterben, können wir doch ewig existieren, denn wir sind ohne bleibende Substanz. Das ist ein Kōan.

Wenn Sie das verstehen können, werden Sie frei und gewinnen Frieden!

*Was bleibt, wenn Anhaftung und Illusionen erlöschen?*

Es ist sinnlos, sich darüber Sorgen zu machen.

Illusionen werden Ihnen immer bleiben. Selbst während des Schlafes träumt man, und es ist sogar beim Zazen schwierig, die Illusionen abzulegen. Das vollkommene Nirvāna wird es erst in Ihrem Sarg geben.

Im Mahāyāna-Buddhismus trachtet man tatsächlich nicht danach, die Illusionen abzuschneiden, sondern danach, sie umzuformen, sie in Weisheit, in Reinheit zu verwandeln. Das ist Zazen.

Wenn Sie weiterhin Zazen praktizieren, werden Sie das verstehen können. Wir können unsere Leidenschaften tatsächlich in Weisheit verwandeln. Wir können den Irrtum in uns vermindern. Alles abzulegen ist sehr schwierig. Es ist aber möglich, Anhaftung und Illusion durch Zazen zu verwandeln.

## Helfen

*Was ist Mitleid?*

Mitleid heißt im Japanischen *jihi*. Die Liebe hat viele Abstufungen und Formen. Ihre tiefste ist die universale Liebe. Wenn wir mit jemandem Mitleid haben, dann geht es nicht nur um sein materielles Elend, sein affektives Leiden, seine Notlage. Wir müssen ihm gleich werden, denselben Geist wie er haben. Wie kann man helfen, lindern, heilen? Wir dürfen die Dinge nicht von unserem subjektiven Gesichtspunkt aus betrachten, wir müssen vielmehr der andere werden. Ohne Dualität. Wir müssen ihn nicht nur lieben, sondern uns mit seinem Geist identifizieren. In der Liebe ist man immer zu zweit; Mitleid jedoch ist Einheit.

Wenn ich Ihnen begegne, werde ich Sie selbst. Wie geht es Ihnen? Gut? Jemand hat mir gestern ein Geschenk gemacht. Ich muss ihm das Doppelte zurückgeben ... Liebe verkehrt sich oft in ihr Gegenteil. Am Ende flieht man, bricht aus ... Wahres Mitleid jedoch ist echte, gelebte Sym-Pathie. Wir müssen uns selbst vergessen, um der andere zu werden. Aber Mitleid muss immer Hand in Hand gehen mit Weisheit, und Weisheit mit Mitleid. Hierzu ist in Japan und in China viel geschrieben worden. Tatsächlich verkündet das alle Welt, aber im Buddhismus ist daraus eine mächtige Kraft geworden ...

In der Liebe gibt es immer Dualität, einen Gegensatz zwischen den Partnern. Im Mitleid aber werden die zwei Wesen zu einem einzigen. Die Liebe ist relativ. Das Mitleid ist die vollkommene Vereinigung zweier Wesen. Aber ohne Weisheit ist die Liebe blind. In unserer Zeit lieben viele Eltern ihre Kinder, indem sie egoistisch an ihnen hängen. Es ist aber keine wahre

Liebe und kein Mitleid, wenn man sich an einen anderen klammert.

*Sie sagen, Zen wolle höchste Weisheit und tiefste Liebe verwirklichen. Nun fürchten manche, das Zazen könnte die Gleichgültigkeit anderen gegenüber entwickeln und stellen der Meditation die aktive Nächstenliebe gegenüber, die das Christentum predigt. Wäre es Ihnen möglich zu erläutern, worin Zazen eine liebevolle Haltung entwickelt?*

Die letzte Dimension in den Tiefen des Seins, die höchste Dimension des Lebens, ist universales Bewusstsein und allumfassende Liebe. Das eine kann ohne das andere nicht sein. Wahrheit und Liebe sind ein und dasselbe. Man kann also sagen, dass die vom Christentum gepredigte aktive Nächstenliebe in diese Dimension einbegriffen und ihre direkte Emanation ist.

Der Zen-Buddhismus ist gleichfalls eine Religion der Liebe, denn es ist die Religion der Bodhisattvas: alles aufgeben, um den anderen zu helfen, vorrangig vor dem eigenen Heil an ihrem Heil zu wirken (das geht sogar noch weiter als im Christentum!). Und unter den Verhaltensregeln, die zu beachten sind, steht an erster Stelle *fuse*, die Barmherzigkeit, die nicht nur darin besteht, materiell zu helfen, sondern auch moralisch zu geben, sich zu opfern; die Barmherzigkeit, die nicht nur darin besteht, jemandem zu geben, sondern sich selbst hinzugeben, Gott zu geben, Buddha. Aber wo soll man die Quelle dieser tätigen Barmherzigkeit finden, wenn nicht in der Kenntnis des eigenen Herzens, seines eigenen tiefen Ichs, welches das aller ist, also in der Meditation?

Die Lehre des Zen besteht auch darin, sich seiner Umgebung harmonisch einzufügen – die Sūtren gemeinsam zu rezitieren, gemeinsam zu meditieren, diese Harmonie gemeinsam zu entwickeln.

Das japanische Wort für «Mönch sein» bedeutet auch: in Harmonie leben. Die innere spirituelle Ruhe ist gut, man muss aber immer in Harmonie mit den anderen leben, sich ihnen zuwenden.

«Lasst uns alle zusammen darüber hinausgehen, und über das Darüberhinaus hinweg – zum Ufer des Satori», so heißt es im *Hannya Shingyō.*

*Ist die persönliche Suche nach innerer Befreiung, im Verhältnis zur Suche nach kollektiver Befreiung, nicht egoistisch?*

Beides ist notwendig. Wenn ich meine Probleme nicht lösen kann, werde ich anderen nicht helfen können, ihre Probleme zu lösen. Ich muss mich von meinen eigenen Problemen befreien, um anderen helfen zu können, sich von den ihren zu befreien. Beides ist also notwendig.

Die Menschen im Westen wollen immer anderen helfen. Auch die Katholiken wollen anderen zu ihrem Heil verhelfen und zu ihrem eigenen Besten. Im Mahāyāna ist es dasselbe, aber vorweg müssen wir uns selbst begreifen.

*Sie sagen oft, dass Zazen das Problem des Lebens und des Todes löst. Wie aber kann man das Leid von anderen abwenden?*

Zunächst müssen Sie sich von Ihrem eigenen Leiden befreien, denn wenn Ihr Gehirn sich nicht in seinem normalen Zustand befindet, können Sie anderen nicht helfen. Sie werden sie nur noch mehr verwirren. Sie selbst haben mir einmal gesagt: «Das *samu*, die Arbeit im Zentraining, hat mich von meinen Leiden befreit, während ich zuvor viel litt. Die Gifte meines Körpers und meines Geistes sind entwichen.» Indem Sie Zazen praktizieren, können Sie den anderen helfen. Es ist nutzlos, darüber nur nachzudenken. Üben Sie Zazen. Schaffen Sie keine innere Unruhe. Danach werden Sie die anderen von ihren Leiden befreien. Um helfen zu können, braucht man Weisheit.

*Wie soll man den anderen konkret helfen?*

Was heißt helfen?

Das Beste ist, ohne Zielvorstellung, ohne Objekt zu sein ... Wenn Sie während des Zazen denken: «Ich muss diesem oder jenem helfen und zu diesem Zweck jetzt Zazen praktizieren», dann ist das kein gutes Zazen. Das Wichtigste ist, Zazen mit dem Mushotoku-Geist – ohne Gewinnstreben – zu praktizieren; das höchste Zazen ist jenseits der Objekte. Es hat keinen Sinn zu denken: «Ich muss tief und gründlich Zazen praktizieren, um anderen zu helfen.»

*Shikantaza* bedeutet: nur sitzen, ohne Ziel. Wenn man Zazen automatisch, natürlich, unbewusst praktiziert, wird sein Einfluss unendlich. Dōgen hat geschrieben, dass, wenn eine Person auch nur eine Stunde Zazen praktiziert, dies alle Menschen und die ganze Welt beeinflusst. Es ist schwierig, den anderen zu helfen. Geld zu geben, ist nicht genug.

Es ist wichtig, immer jenseits der Kategorien zu sein, sonst wird man engherzig und immer engherziger.

Das Hishiryō-Bewusstsein ist unendlich.

*Was bedeutet der Ausdruck «Den Reichen geben und von den Armen empfangen»?*

Reiche Leute haben immer Angst, dass man sie um etwas bittet. Das ist ein psychologisches Phänomen. Umgekehrt wären sie sicherlich überrascht, würde man ihnen etwas schenken. Sind Sie reich oder arm?

*Ich bin arm.*

Wenn Sie, der Sie also arm sind, etwas gäben, wäre das wahre Barmherzigkeit. Reiche sind immer in der Lage etwas zu verschenken, für Sie würde es sich aber um ein wahres fuse, um ein Geschenk von großem Wert handeln.

In Japan gibt es in Nara einen Tempel namens Tōdaiji. In diesem Tempel befindet sich eine riesige Buddhastatue. Der Gründer dieses Tempels, Meister Genjō, war durch den Kaiser gebeten worden, einen großen Tempel zu errichten. Er begab sich also unter eine Brücke in Tōkyō, wo zahlreiche Bettler hausten. Nachdem er vor ihnen Sanpai [die Niederwerfungen] gemacht hatte, bat er sie um ein Almosen. Das war für sie zunächst ein großer Schock, eine gewaltige Überraschung. Sodann empfanden Sie aber einen großen Stolz.

Jeden Morgen kam Genjō, um vor ihnen Sanpai zu machen. Und jeden Tag gaben sie ihm ein wenig Geld. Manche gaben mehr. So begann er den Tempel zu bauen. Er erklärte ihnen, was für eine Figur errichtet werden sollte und dass sie, indem sie sich an diesem Bauwerk beteiligten, geschichtliche Größe erlangen würden. Jener Buddha sitzt auf einer Lotosblüte.

Die Bettler haben viel gespendet und den ganzen Tag über davon gesprochen. Vorher hatten sie immer unter Klagen gebettelt: «Ich bin krank, helfen Sie mir bitte.» Danach wurden sie jedoch zu wahren Weisen, von denen tiefgründige Worte überliefert sind. Von dem, was sie erhielten, gaben sie die Hälfte für den Bau dieses Tempels, und zwar bis zu seiner Vollendung.

*Was ist der Unterschied zwischen dem Buddha und den Bodhisattvas?*

Das ist schwierig zu erklären. Dafür wäre ein ganzer Vortrag erforderlich. Der Bodhisattva ist ein lebender Buddha.

Sehen Sie, im Christentum ist die Hölle die schwerste Strafe, aber im Mahāyāna-Buddhismus fürchtet man sie nicht. Im Gegenteil, im Zen geht man in die Hölle, wenn man dorthin gehen muss. Ginge man zu Buddha, müsste man ständig Zazen praktizieren, und das wäre auch nicht gerade die große Freiheit ... Daher meint man, es wäre besser, in die Hölle zu kommen. Der Zenmönch soll in die Hölle springen, um die zu retten, die leiden. Der Bodhisattva soll sich in den Schmutz der menschlichen Gesellschaft stürzen. Er soll sich jedoch hineinstürzen und nicht nur hineinfallen! Es ist ein großer Unterschied, ob man in den Fluss hineinfällt oder hineinspringt. Wenn man hineinfällt, hat man nur eine Idee: sich zu retten. Wenn man springt, schwimmt man und kann den, der zu ertrinken droht, retten. Die Bodhisattvas stürzen sich in die soziale Welt, um zu helfen.

Die Statuen Buddhas und der Bodhisattvas sind verschieden. Buddha wird anders dargestellt als die Bodhisattvas. Er ist ganz schmucklos. Die Bodhisattvas brauchen ihre Haare nicht abzuschneiden und tragen dieselben Kleider wie andere Menschen. Sie leben inmitten der Gesellschaft. Ihr äußeres Leben ändert sich nicht. Nur ihr inneres Leben unterscheidet sie von anderen Menschen.

Manchmal ist es nötig, mit dem Hässlichen und Schmutzigen in Berührung zu kommen. Deshalb hat einmal ein Mönch sein Leben im Gefängnis verbracht, um den Gefangenen zu helfen. Da seine Führung vorbildlich war, hat man ihn bald entlassen. Er beging deshalb neue Straftaten, um ins Gefängnis zurückzukehren. Am Ende gab es keine Gefangenen mehr ... außer ihm.

Ein Zenmeister war sein ganzes Leben lang Buchhalter eines Geisha-Hauses. Die Geisha sind Nonnen geworden (vielleicht sind auch einige Nonnen Geisha geworden ..., die Geschichte berichtet darüber nichts). Allen Männern, die in dieses Haus kamen, hielt er Vorträge. Die Männer haben sich völlig geändert, und viele sind Mönche geworden. Auch das ist die Berufung des Bodhisattvas. Beispiele dieser Art gibt es in Fülle.

*Dōgen hat Rinzai kritisiert. Die Meister kritisieren sich gegenseitig. Was halten Sie von der Kritik?*

Diskussion ist für den Fortschritt notwendig. Private Kritik ist schlecht und sogar verboten. Aber Diskussionen über die verschiedenen buddhistischen Schulen, Lehrmeinungen und Philosophien sind notwendig. Daher ist manchmal auch eine richtige Kritik von Nutzen. Ich mag es, aufrichtig kritisiert zu werden, ich mache dadurch Fortschritte. Die Kritiken Dōgens an Rinzai waren aufrichtig. Und wenn Sie das wahre Zen finden wollen, ist auch Selbstkritik nötig. Nicht eine egoistische Kritik, sondern ein Mittel, für sich das Beste zu finden, die wahre Religion.

*Soll man, allgemein gesehen, wenn jemand sich irrt, ihn weitermachen lassen oder ihn auf seine Fehler hinweisen?*

Jeder muss selbst verstehen. Man kann nicht anstelle der Kuh trinken. Man führt sie ans Wasser, aber sie selbst muss trinken. Man muss selbst verstehen.

*Welche Anschauung vertritt die Buddhalehre hinsichtlich gut und böse?*

Letztendlich kann man Gut und Böse nicht unterscheiden. Das ist eine Unterscheidung, die vom jeweiligen moralischen Standpunkt abhängt. Je nachdem, wie er programmiert ist, handelt ein Roboter gut oder böse. Und Menschen verhalten sich oft genauso und denken weder an Gut noch an Böse.

Hunde können Farben nicht wahrnehmen. Der Fisch im Meer ist glücklich, der Mensch ist es nicht. Jeder lebt in seiner eigenen Welt, jeder ist verschieden. Jeder hat einen anderen Gott. Ihre Welt und die einer Katze sind nicht identisch. Was für die einen gut ist, ist für andere schlecht. Letztlich kann man nicht wählen; die Welt der Jungen, die Welt der Alten ... Für die einen ist Intimverkehr gut, für andere schlecht. Aber wenn unser Geist unbegrenzt ist, löst er alle Widersprüche. Wenn man von einer höheren Ebene des Geistes herunterschaut, ist nichts wirklich gut und nichts wirklich schlecht, man spürt keinen Widerspruch zwischen beiden.

Während der Zazenpraxis können Sie alles objektiv betrachten und verstehen. Wenn Sie die Dinge subjektiv betrachten, wird alles kompliziert. Mal sind Sie traurig und bekümmert, aber wenn Sie tiefgründig Zazen praktizieren, gehen Sie in Ihren Sarg, und dann gibt es weder gut noch böse mehr. Was ist angesichts des Todes noch wichtig? Nichts ist derart wichtig. Während des Zazen macht man innerlich die Erfahrung des Todes, und alles wird ruhig.

*Wenn es schwierig ist, gut und böse zu unterscheiden, folgt dann daraus, dass man in das soziale Leben nicht eingreifen sollte?*

Das soziale Leben und der religiöse Geist sind verschiedene Dinge. In der Gesellschaft existieren gut und böse. Das Gesetz ist das ethische Minimum. Es steht in Beziehung zum Karma der Körperhandlungen und der Worte.

Wegen böser Gedanken kommen Sie nicht ins Gefängnis. Vom religiösen Standpunkt aus ist das aber nicht so. Im religiösen Bereich ist der Gedanke wichtig. Im Zen ist es wesentlich, bewusst zu sein und sich über seine Gedanken Rechenschaft abzulegen.

Im sozialen Bereich liegt, solange wir nicht schlecht handeln, kein Verbrechen vor, selbst wenn unsere Gedanken schlecht sind. Wenn man hingegen mit guten Gedanken böse Taten verübt, kommt man ins Gefängnis. Nur die Tat zählt. Tatsächlich ist es aber schwierig, darüber zu urteilen, was gut ist und was böse. Alles erscheint wie ein Traum ... Unser Leben ist wie ein Traum.

Der Buddha-Geist sieht alles. Das ist kein Problem sozialer Moral, sondern die wahre Essenz der Religion. Auf diesem Niveau ist es schwierig, über Gut und Böse zu urteilen. Moralisches Gesetz und Religion sind also zwei verschiedene Dinge.

*Wenn wir uns weder für etwas entscheiden noch es zurückweisen dürfen, wie können wir dann ein moralisches Leben führen?*

Die Moral ist notwendig, und Sie sollten ihr so weit wie möglich folgen. Aber die Moral ist nicht alles. Manchmal ist sie notwendig, manchmal nicht. Und die Religion geht über die Moral hinaus.

Die Moral betrifft allein die Handlungen des Körpers und der Worte. Die Bewegungen des Bewusstseins aber fallen nicht mehr in ihren Bereich.

Wie soll man denken?

Wir müssen die wahre Freiheit finden.

Vom Standpunkt mancher Moral aus ist Sex nicht gut. Aber im Lotossūtra zum Beispiel heißt es: «Der sexuelle Orgasmus ist der wahre reine Geist des Bodhisattvas.» Nur ein Meister kann dieses Sūtra lesen, ohne hierdurch Schaden zu nehmen. Ihnen würde es völlig pornographisch erscheinen, und es gar zu unterrichten, wäre sehr gefährlich.

Wie kann man das Problem der Moral lösen? Man soll weder nach links noch nach rechts gehen, noch in dieser Hinsicht ängstlich sein. Das Gleichgewicht ist wichtig, und das ist es, was ich lehre.

*Was verkörpern im Buddhismus die Dämonen?*

Darüber weiß ich nichts. Im Buddhismus haben Gott, Buddha und der Dämon oft dasselbe Gesicht. Es gibt keine Dualität zwischen Gott und Dämon, keine Trennung. Sie haben dasselbe Gesicht. Buddha wird manchmal zum Dämon und umgekehrt.

Im Christentum ist Gott nur er selbst und kann den Dämon führen. In der modernen Welt existieren Gott und der Dämon getrennt voneinander, und Gott kann den Dämon nicht mehr lenken. Daher ist das Leben schwierig. Der Mensch kann sein Dämonen-Karma nicht loswerden. Selbst wenn man das Böse nicht tun will, hört man wegen des Karmas nicht auf, es zu tun. Für andere gilt das Gegenteil hiervon: Selbst wenn sie das Böse tun wollten, sie könnten es nicht. Sie können sich davon überzeugen. Das ist ein bedeutendes Problem, ein Hauptproblem des Buddhismus.

Es ist schwierig zu sagen, was auf einer höheren geistigen Ebene gut oder böse ist, denn Gott schließt in sich alles ein: Gut und Böse. Von diesem Standpunkt aus ist es unmöglich zu sagen: «Sie sind schlecht, deshalb mag ich Sie nicht», oder: «Sie sind gut, deshalb liebe ich Sie.» Die wahre Haltung Buddhas ist so nicht. Die Buddhalehre schließt den ganzen Kosmos ein, und alle Dinge sind für ihn gleich notwendig. Wenn man Dinge mit den Augen der Ewigkeit betrachtet, werden selbst die schlechten Dinge gut und die guten schlecht. Alles ist im Universum einbegriffen. Wenn Sie in Ihren Sarg steigen und Ihr Leben von dort aus betrachten, erscheint es Ihnen weder gut noch schlecht.

*Was bedeuten Paradies und Hölle?*

Lesen Sie Dante oder die Bibel. Genauso ist es auch im Buddhismus. Ich lasse die Frage aber an Sie zurückgehen, denn auch ich kann sie nicht beantworten.

Im Zen muss man hier und jetzt das Paradies schaffen und nicht die Hölle. Wir selbst bringen in unserem Geist Paradies oder Hölle hervor.

Als ich noch ein Kind war, sagte mir meine Mutter: «Wenn du böse bist, kommst du in die Hölle, und wenn du gut bist, in den Himmel.» Ich hatte Furcht, aber als ich größer wurde, sagte ich mir: «Ich werde in die Hölle gehen, man ist da sicher freier. Ich werde mich mit dem Teufel anfreunden. Wenn ich mit Buddha ins Paradies ginge, müsste ich mich dort immerzu mit meiner Mutter auseinandersetzen und hätte überhaupt keine Freiheit.» Als ich sechzehn Jahre alt war, widersprach ich daher ständig meiner Mutter und wollte nicht mehr ins Paradies kommen.

Später habe ich meinem Meister Kōdō Sawaki diese Frage gestellt. Damals war ich Student und glaubte unter dem Einfluss von Logik und Wissenschaft überhaupt nicht mehr an Himmel und Hölle. Kōdō Sawaki aber hat mich gelehrt, dass Himmel und Hölle in unserem Geist existieren.

Wir können nicht entscheiden, ob es so etwas gibt oder nicht. Niemand ist von dort zurückgekehrt. Ist man erst einmal im Sarg, kommt man nicht mehr zurück, um darüber zu berichten. Aber unser Geist bringt hier und jetzt Himmel und Hölle hervor. Meister Dōgen hat im *Shōbōgenzō* tiefgründig hierüber geschrieben.

Wir müssen hier und jetzt das Paradies hervorbringen. Wenn wir leiden, wenn wir zweifeln, kann alles zur Hölle werden. Wir müssen das Paradies errichten. Wenn unser Geist in Frieden ist, wird unsere Umgebung zum Paradies. Aber manche Leute bringen den Teufel hervor, die Hölle!

## Der Tod

*Sie sagen oft, Zazen zu praktizieren bedeute, in seinen Sarg zu steigen. Welche Bedeutung hat der Tod im Zen tatsächlich?*

Gute Frage. Zazen und der Tod sind nicht das Gleiche. Der Tod bedeutet, dass die Atmung aufhört. Beim Zazen hingegen konzentriert man sich auf die Atmung. Es gibt keinen Bezug. Haben Sie das Kapitel *Genjō kōan* des *Shōbōgenzō* gelesen? Es erklärt auf präzise Art Zazen und seine Beziehung zum Tod. Sie müssen es lesen. Dann werden Sie verstehen. Das Holz wird zu Asche. Die Asche kann nicht wieder Holz werden, und das Holz kann seine eigene Asche nicht sehen. Dieselbe Beziehung besteht zwischen Leben und Tod. Trotzdem sage ich genau dies: Zazen bedeutet in seinen Sarg zu gehen – Nirvāna leben, gleich wie im Tod. Das Nirvāna ist das völlige Ende von allem; es ist *kū*, nicht *shiki*. Die Aktivität, das *ki*, hört auf. Alles hält an. Dieser totale Stillstand bedeutet den Tod. Der vollkommene Stillstand der drei Tätigkeiten (des Körpers, der Sprache und des Bewusstseins) ist charakteristisch für den Tod.

Aber der Hīnayāna-Buddhismus irrt, wenn er behauptet, um Nirvāna zu erreichen, müsse man aufhören zu essen, zu atmen, etc. ... Die Illusionen verschwinden, aber man nähert sich dem Tod. Buddha hat diese Praktiken erprobt und schließlich verworfen.

Professor Akishige erklärt: «Wenn das Bewusstsein anhält, ist der Körper dem Tod nahe.» Ruhig. Aber das ist nicht der normale Zustand des Bewusstseins. Man wird schwach und ein wenig sonderbar. Dem Tod nahe zu sein, das ist nicht das Hishiryō-Bewusstsein. Es ist möglich, einen, zwei oder noch mehr Tage keine Nahrung zu sich zu nehmen. Buddha nahm während seiner Askese nur ein Korn Reis am Tag zu sich. Ich habe aber niemals gesagt, dass man den Zustand des Todes praktizieren müsse. Niemand würde das befolgen wollen. Seien Sie nicht ängstlich! Man soll essen, man sollte aber auch seine Nahrungsbedürfnisse herabsetzen können. Dōgen hat geschrieben: «Einen leeren Bauch zu haben ist nicht der normale Zustand», denn Körper und Bewusstsein werden schwach. Das Gehirn ermüdet, es entwickelt sich ein besonderer Bewusstseinszustand, und schließlich treten Halluzinationen auf. Ich habe das selbst erfahren. Der Geist beherrscht den Körper. Zen lehrt nicht, sich um einen besonderen Zustand des Geistes oder des Körpers zu bemühen. Nirvāna ist auch Gleichgewicht von Körper und Geist. Es ist notwendig, dass man isst. Nur aus pädagogischen Gründen sage ich: Ihr müsst werden, als gingt ihr in euren Sarg. Das löst einen großen Schock aus. Es ist unnötig, tatsächlich in einen Sarg zu gehen. Sie können es sich vorstellen. Das ist das «Nichts».

*Heute Morgen haben Sie gesagt, der Geist des gerade verstorbenen Meisters Yamada sei im Dōjō anwesend. Was denken Sie über den Zustand nach dem Tod?*

Das ist ein Problem, das viele beunruhigt. Um erschöpfend darüber zu sprechen, müsste ich einen zweistündigen Vortrag halten.

Was geschieht nach dem Tod? Das ist ein religiöses Problem, über das man nicht zu viel nachdenken sollte. Menschen, die nicht sterben wollen, sorgen sich immer hierüber. Im Buddhismus diskutiert man nicht über den Zustand nach dem Tod. Wesentlich ist das Hier und Jetzt.

Die metaphysischen Probleme sind unlösbar. Man kann auf sie weder eine positive noch eine negative Antwort geben. Man kann sie in keiner Hinsicht entscheiden.

Was wird nach dem Tod aus dem Geist? Niemand ist zurückgekommen, um darüber zu berichten. Man sollte nicht zu sehr am Tod haften. Das ist der Sinn des berühmten Satzes von Dōgen: «Das Holz kann seine Asche nicht sehen.» Das Holz verkörpert das Leben, die Asche den Tod. Und es heißt weiter: «Die Asche kann das Holz nicht sehen.»

Man kann das Leben auch mit den Bildern vergleichen, die sich auf dem Fernsehschirm bilden, und den Tod mit dem Verlöschen dieser Bilder, wenn man das Gerät ausgeschaltet hat. Solange man zuschaut, hat man einen subjektiven Eindruck, und wenn man es ausschaltet, verschwindet das Bild.

*Glauben Sie, dass es ein Überleben der Seele nach dem Tod gibt?*

Und Sie selbst, glauben Sie daran?

Das ist ein sehr kompliziertes Problem, das der modernen Wissenschaft Schwierigkeiten bereitet. Ich kann ein Überleben der Seele nicht leugnen, aber ich kann auch nicht daran glauben. Die Wissenschaft findet weder im Gehirn noch im Herzen, noch an irgendeinem anderen Ort des Körpers eine Seele.

Indes setzt sich die Tätigkeit unseres Bewusstseins fort. Unser Karma, unsere Handlungen, das Wirken unseres Karmas dauern an. Wenn Sie jemandem einen Faustschlag versetzen, wirkt diese Handlung fort. Wenn Sie Ihr Fernsehgerät ausschalten, verschwindet das Bild vom Schirm, in Form von Wellen dauert es jedoch fort ... Das ist das Gleiche. Die Welt des Diesseits und die spirituelle Welt kehren sich um, werden ihr Gegenteil, aber dauern fort. Das ist ein schwieriges und zugleich einfaches Problem. Wenn ich es aber erkläre, besteht die Gefahr, dass Sie mich missverstehen.

Ich glaube nicht, dass die Seele ins Paradies aufsteigt oder hinabfährt zur Hölle. Sie kann den Sarg nicht verlassen, um irgendwohin zu gehen. Aber der Einfluss des Bewusstseins setzt sich fort.

Es gibt eine Geschichte von Meister und Schüler, die zu einer Beerdigung gingen. «Lebt dies, oder lebt es nicht?», fragte der Schüler und zeigte auf den Sarg. Woraufhin der Meister sagte: «Ich antworte nicht, ich spreche nicht.» Der Meister war geschickt: Weder negativ noch positiv.

Zu denken: «Ich werde ins Paradies kommen und dort meine Familie wiederfinden», ist Einbildung. Es ist aber auch nicht richtig, darauf zu antworten: «Sie sind verrückt, so etwas anzunehmen.» Besser ist es, zu schweigen.

Ich habe meine eigenen Ansichten darüber. Wenn ich dieses Thema aber in Kategorien fasse, entsteht eine allgemeine Aussage, während ich doch jedem anders antworten müsste. Es handelt sich um ein sehr tiefes Problem, das an das Wesen der Religionen rührt. Man darf hierzu keine Kategorien bilden, es ist für jeden ein besonderes Problem.

*Die Lehre von der Wiedergeburt löst viele der Fragen, die man sich so stellt. Die Buddhalehre gibt aber nicht dieselbe Antwort wie der Hinduismus, oder?*

Das stimmt. Die alte indische Tradition hat den Buddhismus wohl geringfügig beeinflusst, Buddha schätzte das aber nicht sehr. Sie wechseln Ihre Inkarnation – das ist die Antwort des Buddhismus.

Im Zen gibt es aber keine Reinkarnation. Wird eine Katze zum Beispiel ein Mensch oder umgekehrt? Zur indischen Tradition gehört eine Theorie, die das behauptet. Obgleich sie den

Mahāyāna-Buddhismus beeinflusst hat, ist sie nicht von besonderer Bedeutung. Bleibt die Seele nach dem Tod erhalten? Das ist ein Problem des Bewusstseins.

In der modernen Physiologie nimmt man an, dass die Zellen noch zwei oder drei Tage am Leben bleiben. Vielleicht ist das Bewusstsein bei gewissen Toten nicht völlig erloschen. Nun ist aber dieser letzte Zustand des Bewusstseins sehr wichtig. Von dieser Bewusstseinsebene aus wird man weiterwirken. Welcher Art soll unser letzter Gedanke sein? Wenn Sie daran gewöhnt sind, Zazen zu praktizieren, wird Ihr letzter Atemzug ein normales Bewusstsein sein – ohne Bewusstsein.

Im Altertum war die Physiologie noch unterentwickelt. Der Anteil der Fantasie war bei Philosophen und Klerikern bedeutend: Wiederverkörperung, Auferstehung Christi etc. Im Christentum haben wir die Eschatologie: Doch das Ende der Welt ist noch nicht gekommen. Aber beim Tod jedes Einzelnen bleibt die Welt stehen, und man kann mit der Ewigkeit in Verbindung treten.

*Warum ist der letzte Augenblick wichtig, wenn es keine Reinkarnation gibt?*

Der Mushotoku-Geist ist wichtig. Es ist nicht nötig zu denken: «Ich muss ins Paradies kommen, ich muss im nächsten Leben wiedergeboren werden.» Wenn Sie an etwas denken, wenn Sie einen Wunsch haben, bleiben Sie Ihrer vergangenen Existenz verhaftet. Besser ist es, unbewusst, *mushotoku* zu leben. Das ist wahre Ruhe, wahrer Frieden.

Der Idee des Paradieses wird oft zu viel Bedeutung beigemessen. «Wenn ich sterbe, komme ich ins Paradies» – es ist unnütz, solche Vorstellungen in seinem Unterbewusstsein zu erzeugen. Die höchste Haltung ist die des Nicht-Bewusstseins. Wenn Sie einen Gedanken haben, wird er während dieser ein oder zwei Tage des Übergangs nicht erlöschen. Durch Harmonie mit dem kosmischen System hingegen werden Ihre Aktivität, Ihr Ki, Ihr Bewusstsein schnell in den Kosmos zurückkehren.

Während des Zazen können Sie mit dem kosmischen System in Harmonie gelangen. Die Psychologie nennt das Nicht-Bewusstsein, der Buddhismus Alaya-Bewusstsein. Daher wiederhole ich immer, dass Sie zu diesem normalen Bewusstseinszustand zurückkehren müssen. Während des Zazen können Sie ihn unbewusst erreichen. Das ist das transzendentale Bewusstsein, und aus diesem Bewusstsein geht das rechte Verhalten hervor. Alle Zellen, alle Neuronen werden dadurch aktiviert.

Alles, was Sie empfinden, wird durch die Neuronen empfunden. Die Nervenreize werden ihnen direkt übermittelt. Das Begehren geht aus Eindrücken hervor: das Begehren, fortzudauern, zu besitzen, und diese rastlose Lebenstätigkeit. Ständig treten Ideen auf, und das Bewusstsein wird komplizierter. Man muss also stets zum normalen Zustand zurückfinden, sogar wenn man schläft (dann spricht man von Nicht-Bewusstsein). Aber nach zwei Stunden tiefen Schlafs kommen die Träume. Sehr kompliziert ...

Beim Zazen hat der Körper den richtigen Tonus. Wenn Sie schlafen, sind Sie völlig entspannt, ohne jeden Tonus. Aber während des Zazen sieht man den Traum aus dem Unterbewusstsein aufsteigen und kann zu einem Zustand des Nicht-Bewusstseins zurückfinden, wie ihn auch die moderne Physiologie und Psychologie bestätigt haben. Man soll indes nicht sagen: «Jetzt habe ich kein Bewusstsein.» Dieser Zustand ist vielmehr etwas Unbewusstes.

Wenn ich sage: «Noch fünf Minuten. Konzentrieren Sie sich gut!», dann sind die Gedanken zahlreich, aber nachher kann man diesen Zustand erreichen. Manche erreichen ihn innerhalb von fünf Minuten durch die richtige Körperhaltung und die richtige Atmung ... Es ist unmöglich, zu erschlaffen und den Kopf sinken zu lassen, wenn man den Nacken immer gut spannt. Denen, die denken, fallen beim Zazen die Daumen nach unten. Man muss sich zusammennehmen und sehr aufmerksam sein.

*Sie glauben also nicht an die Reinkarnation?*

Glauben? Das ist nicht so wichtig. Es ist nicht nötig zu glauben. Zu wissen, ob es das gibt oder nicht, ist ein subjektives Problem. Ich bin hinsichtlich der Reinkarnation nicht völlig negativ eingestellt, aber ich sage auch nicht, dass es für mich keinen Zweifel daran gibt.

Was die Reinkarnation anbelangt, so ist niemand vom Tod zurückgekommen, um davon tatsächlich zu berichten. Dieses Thema regt die Fantasie an, und die primitiven Religionen hatten hierzu zahlreiche Vorstellungen entwickelt. Man kann nicht sagen, welches auf diesem Gebiet der richtige Weg ist. Man kann daran glauben oder nicht. Ich habe zahlreiche metaphysische Erfahrungen gehabt, und ich glaube an diese metaphysische Welt. Man kann sie aber nicht zu etwas Kleinem reduzieren. Der Kosmos ist unendlich. Man schreibt über die metaphysische Welt, erfasst aber nur ihre kleinsten Aspekte, während sie doch unendlich ist. Daher können wir über sie nicht sprechen. Meine Erfahrung und die der anderen sind verschieden, und man kann nicht entscheiden, ob dies so oder anders sei. Kategorien reduzieren die Dinge.

*Spricht nicht die Vermutung für die Existenz eines dauernden Elements, wenn es einem gelingt, sich an frühere Leben zu erinnern?*

Jeder denkt an sein Ego. Die Leute möchten verstehen und können es nicht vollständig. Sie denken aus Egoismus hieran. Wenn man nicht egoistisch ist, interessiert dieses Thema nicht derart: Zazen ist dann wesentlich interessanter. Das Hier und Jetzt ist wichtig. Wenn man sterben muss, muss man sterben, und in diesem Augenblick endet das Leben.

Je egoistischer die Menschen sind, je mehr sie sich an das Leben klammern, desto mehr denken sie an den Tod.

*Wohin ist Bodhidharma bei seinem Tod gegangen?*

Er ist nicht hier, und das ist auch ganz ohne Bedeutung. Denken sie nicht daran, wohin Sie nach ihrem Tod gelangen.

Denken Sie nur an das Hier und Jetzt. Nach Ihrem Tod kommen Sie in einen Sarg, falls Sie nicht auf hoher See sterben – dort gibt es keinen Sarg.

Das Hier und Jetzt ist wichtig. Wenn Sie sich auf jeden einzelnen Zeit-Punkt konzentrieren, werden diese Punkte eine Linie, und so gelangen Sie unbewusst, natürlich und automatisch in Ihren Sarg, um unter der Erde zu schlafen. Das ist wie Zazen. Jetzt muss ich sterben, und ich konzentriere mich auf Zazen.

Es ist dieselbe Beziehung wie zwischen Holz und Asche. Das Holz kennt seine Asche nicht und kann sie nicht anschauen. Das Holz kann die Asche anderen Holzes sehen, aber seine eigene Asche nicht. Ihre Augen können Ihre Augen nicht sehen, allenfalls in einem Spiegel. Mit Leben und Tod hat es dieselbe Bewandtnis wie mit dem verbrannten Holz, das zur Asche wird. Die Asche kann nicht denken, dass sie zuvor Holz war und umgekehrt.

Sie können Ihren Tod nicht anschauen. Das ist ein sehr schwieriges subjektives Problem. Ich kann Ihren Tod betrachten, Sie hingegen nicht. Wenn Sie erst einmal tot sind, kann Ihr Tod Ihr Leben nicht betrachten. Das ist ein subjektives Problem, das Sie jetzt noch für ein objektives Problem halten. Das Objektive ist nicht wichtig. Nur das Subjektive ist wichtig. Es ist ein Problem der Zeit. Das Hier und Jetzt schließt die Ewigkeit ein. Bilden Sie keine Kategorien. Es handelt sich hier um ein Problem, das schwieriger ist als ein objektives Problem, das durch die Wissenschaft gelöst werden könnte und über das jeder dieselbe Meinung hat. Das Subjektive ist tiefer. Man beugt sich über sich selbst. Niemand außer Ihnen versteht. Über die tiefen Probleme hat jeder eine andere Meinung. Es ist daher schwierig, Ihnen zu helfen. Das subjektive Problem jedes Menschen ist anders und kann durch die Wissenschaft nicht gelöst werden. Wenn ich Ihnen helfen will, muss ich Sie selbst werden!

*Durch Zazen schneidet man das Karma des Körpers, des Wortes und des Geistes ab. Ebenso durch den Tod. Ist also der Tod Satori?*

Ja, genau so ist es. Daher bedeutet das Wort «Nirvāna» Tod. Nirvāna ist das vollkommene Satori. Manchmal bezeichnet es den Tod Buddhas, das vollkommene Erlöschen. Wenn wir erst einmal tot sind, entsteht uns kein Karma mehr, kein Karma des Körpers, keines der Worte und keines des Denkens.

Es gibt aber zwei Lehrmeinungen. Die eine geht dahin, dass nach dem Tod alles zu Ende ist, die andere, dass allein das Karma fortlebt. Ihnen erscheint das widersprüchlich. Aber während des Zazen können wir unser Karma nur abbauen, nicht es anhalten. Der Mund ist geschlossen, das Karma des Körpers ist zum Stillstand gebracht. Aber das Karma des Denkens kann nicht völlig aufhören, das ist sehr schwierig – dann schläft man nämlich auf der Stelle ein. Das ist so, weil das Karma sich zunächst im Unterbewusstsein verwirklicht und plötzlich erscheint wie ein Traum. Das Karma des Bewusstseins kann tatsächlich sehr schwer angehalten werden. Es ist in der Tat ewig und wirkt nach dem Tod fort. Körper und Geist bilden eine vollständige Einheit. Wenn der Körper daher aufhört und stirbt, hört das Bewusstsein ebenfalls auf zu leben.

Aber was ist das Leben? Tatsächlich hört die materielle Tätigkeit des Körpers beim Tod auf. Der Geist ist davon aber nicht getrennt. Das ist ein sehr tiefes Thema. Ich will hierüber nicht diskutieren. Im Zen erklärt man das Problem der Substanz nicht, man erörtert keine metaphysischen Probleme. Und trotzdem wirft das viele Fragen auf, ich weiß das. Zum Beispiel: Wenn der Körper stirbt, stirbt der Geist dann auch? Viele Religionen behaupten, die Seele fliege davon, und es gibt Gelehrte, die dasselbe sagen, sie meinen, die Seele irre ein, zwei Jahre umher. Manche stellen sich vor, dieser Geist trete in den Körper eines Neugeborenen ein, andere sagen, die Seele komme in die Hölle oder ins Paradies. Buddha hat niemals so etwas gesagt. Aber der Einfluss des Karmas dauert an. Die Elemente, aus denen der Körper besteht, bleiben nach dem Tod, nach der Verbrennung erhalten. Das Wasser und das Blut gehen in Luft und Erde über. Aber die Elemente überdauern, nur der materielle Anblick ändert sich. Chemisch ändert sich nichts. Es findet nur eine physische Umformung statt, und da Materielles und Spirituelles eine Einheit bilden, bleibt etwas übrig, das sich ständig neu inkarniert.

So können wir uns das vorstellen. Selbst der Körper ist also nach dem Tod nicht ganz zu einem Ende gelangt. Unser Leben ist wie eine Blase auf der Oberfläche des Wassers – auf der Oberfläche der kosmischen Ordnung. Sie erscheint und schwimmt am Horizont, siebzig Jahre lang, achtzig Jahre lang, manchmal hundert Jahre, dann platzt sie und verschwindet ... aber in Wirklichkeit dauert sie fort ... Es gibt große Blasen und kleine. Man soll aber an diese Dinge nicht ständig denken, man würde ermüden. Besser ist es, sich auf Zazen zu konzentrieren. Sicher ist das alles interessant und das Karma wichtig. Wie kann man eine schlechte Wiedergeburt vermeiden? Alle großen Religionen sind um dieses Problem besorgt. Verneinen ist nicht gut, wenn man aber bejaht, so wirft dies schwierige metaphysische Probleme auf. Besser ist es, man bleibt im Hishiryō-Bewusstsein.

*Also ist es am wichtigsten, sich hier und jetzt zu konzentrieren?*

Das ist der wahre Glaube, der König des Samādhi. Das vergangene Karma hört auf. Es erscheint und erscheint wieder, und man muss es vorbeiziehen lassen. Auch während des Zazen steigt das Karma auf, wie während der Träume – der guten wie bösen. Das Karma des Bewusstseins ist das heikelste, das größte Problem. Das Karma des Körpers, das der Aktivität und das der Worte sind leicht zu bewältigen, denn sie hängen auch von den Gesetzen ab und dem Dasein anderer, und so ist es leichter, sie zu korrigieren.

Das religiöse Leben ist Reflexion. Wenn Sie Zazen praktizieren, können Sie Ihr Karma unbewusst, automatisch und natürlich vermindern und reflektieren.

Wir können nicht alles ablegen. Aber wenn Sie zum Beispiel statt zu diesem Sesshin zu kommen sich in den Club Mediterrané begeben hätten, so hätten Sie vielleicht mehr schlechtes Karma hervorgebracht. Während des Zazen hingegen können Sie Ihr Karma effektiv vermindern. Der wahre Glaube, das religiöse Leben besteht in Reflexion, Beobachtung, Konzentration. Wir können nicht alles befolgen, aber wir müssen *mushotoku* sein. Ich wiederhole es ohne Unterlass. Wenn Sie die *kai* (die Vorschriften, die Ordensregeln) respektieren und *mushotoku* sind, wird Ihr Karma automatisch abnehmen. Wenn wir es betrachten, können wir es vermindern. Das Karma der Worte: nicht lügen. Das des Körpers gleichfalls.

Durch Zazen kann unser tägliches Leben die Reflexion, die sich entwickelt, fortführen. Wir können ein besseres Leben führen und werden keine so großen Fehler begehen wie zuvor. Manche machen noch Fehler, aber das ist die Folge ihres Karmas, nicht die Wirkung des Zazen. Manche haben ein so schlechtes Karma, dass es ihnen nicht gelingt, meiner Lehre zu folgen. Diejenigen, die fortfahren Zazen zu praktizieren, können in sich tiefe Wahrheit finden.

*Heute Morgen sagten Sie, dass man beim Zazen den Tod erfahren könne. Was bedeutet das?*

Man vergisst alles. Man gibt sein Ego auf – so wie man den Körper aufgibt, wenn man in den Sarg kommt. Wenn Sie sterben, ist nichts mehr da.

*Weshalb nennt man dies das Erwachen?*

Sie müssen die Widersprüche mit einbeziehen. Europäer neigen dazu, Kategorien zu bilden. Heute habe ich Sie gelehrt: manchmal erwerben, manchmal aufgeben. Beides ist wichtig. Erwachen besteht nicht darin, die Augen zu öffnen: Sterben bedeutet auch Erwachen. Man soll weder nach rechts noch nach links abweichen.

*Wie soll man hier und jetzt leben, wenn man immerzu an den Tod denkt?*

Leben und Tod sind identisch. Wenn Sie den Tod hier und jetzt akzeptieren, wird Ihr Leben tiefer. Man soll nicht am Leben hängen und auch nicht am Tod.

Wenn man sterben soll, stirbt man und kehrt in den Kosmos zurück. Wenn unsere Aktivität zu Ende geht, wenn unser Leben abgelaufen ist, müssen wir sterben. Man muss den Tod verstehen.

*Wer versteht?*

Das wahre Ego allein versteht.

*Warum sprechen Sie von Ewigkeit nach dem Tod und nicht von Ewigkeit vor der Geburt?*

Die Menschen wollen es so. Die meisten verstehen nicht. Wenn Sie diese Frage hier und jetzt lösen, wird Ihr Leben friedlich und Sie sehr glücklich sein.

*Satori – Erwachen*

# Das Erwachen

## Das Bewusstsein

*Welches ist der Unterschied zwischen Unterbewusstem und Unbewusstem?*

Im Buddhismus gibt es sechs Bewusstseinsarten, wie Alaya, Mana usw. Das Mana-Bewusstsein entspricht in etwa dem Kollektiven Unbewussten Jungs. Aber Jung praktizierte nicht Zazen, er kannte daher das Hishiryō-Bewusstsein nicht. Aufgrund eigener Erfahrung kannte er nur das Bewusstsein der vorderen Bereiche des Gehirns und ein wenig das des Stammhirns. Daher hat er seine Forschungen nicht sehr weit vorantreiben können. Er hat die wahre Meditation nicht praktiziert und die anderen nur objektiv studieren können. Und dabei kommen eben nur Gedanken heraus ...

Zwischen dem Rinzai-Zen und dem Kollektiven Unbewussten gibt es zahlreiche Beziehungen. Nietzsche ist verrückt geworden, van Gogh desgleichen ... Sie suchten zu sehr nach Reinheit, nach dem Absoluten, Gott, der wahren Wahrheit, und am Ende sind sie verrückt geworden! Durch die Praxis der Konzentration auf die Kōan im Rinzai-Zen kann dies ebenfalls geschehen, aber dort führt ein Meister und verhindert Fehler. Wenn Sie ein wahrer Meister führt, können Sie verstehen und erwachen.

Der Meister sagt zum Schüler: «Hier müssen Sie hinausgehen! – Nein, nein, nicht durch die Tür!» Der Schüler wendet sich darauf zum Fenster! «Nein, nicht durch das Fenster!» – «Wodurch soll ich dann hinausgehen?» – «Gehen Sie hinaus! [Meister Deshimaru zeigt mit dem Finger zum Himmel und lacht.] Sie können weder auf diesem Weg fortgehen noch auf jenem, weder über den Gipfel noch durch das Tal, weder nach Süden noch nach Westen ...» So erweckt der Meister den Schüler zum Verständnis ...

Mit den Mitteln der Philosophie ist das aber sehr schwierig. Die Philosophen werden am Ende manchmal verrückt, weil sie nur die vorderen Bereiche des Gehirns gebrauchen. Wir können jedoch mit dem Körper denken, Unendliches mit den Gedanken umfassen – nur, man darf keine Kategorien bilden.

Im *Shōdōka* heißt es, dass man weder die Wahrheit suchen noch die Illusionen ablegen solle. Ich sage immer: Lauft beim Zazen nichts hinterher und flieht auch nicht vor den Illusionen. Man muss sich nicht sagen: «Ich darf nicht denken», denn auch das ist Denken! Sie müssen natürlich sein, das Unterbewusste aufsteigen lassen ... Sie müssen augenblicklich loslassen, sich völlig fallen lassen, wie auf den Grund des Wassers, dann wieder heraufkommen und sich treiben lassen.

Aber die Neurotiker haben immer Angst. Sie sind wie jemand, der nicht schwimmen kann und ins Wasser fällt. Er beginnt zu sinken, bekommt Angst und sagt sich: «Ich darf nicht untergehen.» Er schluckt mehr und mehr Wasser und ertrinkt schließlich. Wenn diese Person aber ihre Gedanken aufgibt und sich auf den Grund sinken lässt, wird ihr Körper auf natürliche Weise wieder an die Oberfläche gelangen ... Das ist Zen.

Wenn Sie beim Zazen leiden, müssen Sie unentwegt weitermachen, bis zum Ende. Wenn Sie leiden, geben Sie Ihr Ego auf und erlangen Satori, unbewusst, natürlich, automatisch.

*Ich verstehe nicht, was Sie mit den Worten «sich auf den Grund sinken lassen» ausdrücken wollen?*

Wenn Sie im Wasser versinken und in diesem Augenblick jede Idee von Leben und Tod aufgeben, wenn Sie Ihr Ego vollständig aufgeben, dann konzentriert Ihr Wesen sich vollkommen auf die Ausatmung, und sie steigen wieder an die Oberfläche. Das ist derselbe Zustand des Geistes wie beim Zazen.

Ein Mönch geriet einmal mit seinem Boot in einen Sturm. In seiner Bestürzung begann er instinktiv, Zazen zu praktizieren. Er hatte sich damit abgefunden, dass er sterben und auf den Grund des Ozeans sinken würde. Während er auf natürliche Weise auf die Atmung konzentriert war, ließ er sich sinken und stieg auf natürliche Weise wieder an die Oberfläche. So hielt das an, bis er im Rhythmus von Einatmung und Ausatmung das Ufer erreichte.

Ein anderer Mann fiel, als er eine Brücke überquerte, in einem Anfall von Epilepsie in einen Fluss. Als er auf einer Böschung liegend erwachte, verstand er, dass der epileptische Anfall, der seinen Sturz verursachte, ihn zugleich gerettet hatte, da er die Angst zu ertrinken nicht aufkommen ließ ...

*Wenn ich erwache, erinnere ich mich immer an meine Träume. Soll ich dem Bedeutung beimessen oder nicht?*

Sie erinnern sich an Ihre Träume, weil Ihr Gehirn erschöpft ist. Jeder träumt. Der Körper schläft, aber der Geist bleibt wach und träumt. Wenn Ihr Gehirn gesund ist, vergessen Sie Ihre Träume beim Aufwachen. Im Halbschlaf haben Sie ebenfalls Träume, an die Sie sich beim Erwachen erinnern. Manche wollen ihre Träume festhalten und stehen morgens müde auf. Man soll die Träume vergessen, sie vorbeiziehen lassen, der Erinnerung an sie nicht nachjagen.

*Seine Träume zu analysieren, wäre demnach nutzlos?*

Es ist nicht notwendig.

*Die Träume wären somit ohne jeden Wert?*

Die Träume verwirren Sie: Die Erschütterungen und Eindrücke des täglichen Lebens erscheinen, das Karma Ihres Gehirns und die von Ihren Neuronen aufgezeichneten Erschütterungen treten zutage. Zazen lässt Ihr Unterbewusstes, Ihre Illusionen gleichfalls erscheinen, aber unter ganz anderen Bedingungen.

Wenn man träumt, weiß man nicht, dass man träumt. Nehmen wir einmal das im Zen berühmte Beispiel von einem, der träumt, er gehe an einem Winterabend auf der Straße spazieren. Plötzlich bemerkt er auf dem Boden eine mit Geldstücken gefüllte Geldbörse. Er will sie fortnehmen, sie ist aber angefroren. Was tun? Er pinkelt auf das Eis, um es zu schmelzen und bemächtigt sich der Börse mit beiden Händen. Aber ach! Das tut weh – warum? Nun wacht der Mann auf, und statt des mit Sternen bedeckten Himmels sieht er die Decke seines Zimmers, seine von den Händen umschlossenen Hoden tun ihm weh, und sein Bett ist nass!

Das ist das einzig Wirkliche am Traum ... Wenn man träumt, weiß man nicht mehr, wo die Wirklichkeit ist. Beim Zazen ist es einfach, das zu wissen. Man kann seine Illusionen und sein Karma objektiv sehen. Im Traum kommt alles bunt durcheinander hervor: die Ängste, die Erschütterungen, die Vergangenheit, die Eindrücke. Während des Zazen kann man, was aus dem Unterbewusstsein hervortritt, wie in einem Spiegel betrachten, sich sagen, dass dieser oder jener Wunsch nicht wichtig sei ... Man hat keine Furcht mehr und kann sich selbst beobachten. Das ist nicht dasselbe wie der Traum. Man soll der Erinnerung an Träume nicht anhaften. Während des Zazen soll man sich nicht an Gedanken hängen, Illusionen nachlaufen, sondern sie vorüberziehen lassen. Der Keim eines Gedankens taucht auf, daraus geht ein anderer hervor ... lassen Sie die Gedanken einfach vorbeiziehen.

Nach dem Zazen fühlt man sich ausgeruht, hat man einen klaren Kopf. Die Träume spielen dieselbe Rolle, aber es ist nicht notwendig, zu versuchen, sich an sie zu erinnern. Es ist besser, sie zu vergessen.

*Was halten Sie von Träumen, die die Zukunft voraussagen?*

Sie gehören zur metaphysischen Welt. Ihre Beziehung zu dieser Welt kann man nicht leugnen. Wenn Sie daran glauben, können Sie mit der metaphysischen Welt in Verbindung treten. Wenn Sie Ihre Gedanken fest auf bestimmte Objekte richten, werden diese Gedanken in den Neuronen Keime von Karma hervorbringen und Sie und Ihre Umgebung folglich beeinflussen.

*Was hat es mit den magischen Fähigkeiten auf sich?*

Die magischen Kräfte sind nicht so schwer zu erlangen. Aber im Zen legt man hierauf keinen Wert. Manche Religionen sind immer auf der Suche nach magischen Fähigkeiten, aber dann sind es keine wahren Religionen ... Bei gewissen besonderen Anlässen dürfen die magischen Fähigkeiten angewandt werden, ich darf sie auch anwenden. Aber Zen hat nicht zum Ziel, irgendetwas, was immer es auch sei, zu erlangen.

Wenn Sie mit Ihrer Zazenpraxis bis zum Äußersten gehen, Tag und Nacht in einer Berghöhle praktizieren, ohne zu essen, und nur Wasser trinken – monatelang – werden Sie sicher magische Fähigkeiten erlangen. Aber diese werden nur einen kurzen Augenblick anhalten. Sobald Sie ein Glas Sake trinken, werden sie völlig verschwinden ...

Solche Fähigkeiten erlangen zu wollen, ist ein egoistischer, kleiner und letztlich bedeutungsloser Wunsch. Das läuft darauf hinaus, wie ein Taschenspieler oder Zirkusartist werden zu wollen. Religion ist aber kein Zirkus.

*Beim Zazen hat man oft unfreiwillig Gedanken. Man möchte nicht denken, aber die Gedanken tauchen immer wieder auf.*

Das ist die Wirkung des Unterbewussten, des Kollektiven Unbewussten. Das ist wie ein Traum, eine Illusion. Während des Zazen bedient man sich der vorderen Bereiche des Gehirns nicht, man braucht sich keine Mühe zu geben, diese unbewussten Gedanken abzuhalten, denn dann setzt die Tätigkeit des Thalamus automatisch ein. Jung sagte, wenn man ein Mittel fände, das Unbewusste zu enthüllen, so wäre das eine der wichtigsten Entdeckungen überhaupt. Durch Zazen ist das aber möglich ... Die Psychoanalytiker suchen immer in den Träumen. Während des Zazen kann man mit sich selbst völlig vertraut werden, sich objektiv sehen und erkennen.

*Was ist das natürliche Bewusstsein, das Körperbewusstsein?*

Das ist das Bio-Bewusstsein. Ich nenne es Körperbewusstsein, die Wissenschaftler nennen es Bio-Bewusstsein. Dieser Begriff bringt zu Ausdruck, dass man mit dem Körper denken kann. Für gewöhnlich gebraucht man zum Denken nur die linke Seite des Gehirns. Wenn man sich aber ausreichend auf Haltung und Atmung konzentriert, beginnt der gesamte Körper zu denken.

Nach Dr. Chauchard hat jede Zelle eine Seele, wir denken also nicht nur mit dem Gehirn. Während des Zazen geht die Bewusstseinstätigkeit der linken Gehirnhälfte zurück, und die Seele der Zellen nimmt das kosmische Bewusstsein auf. Das meine ich, wenn ich von Körperbewusstsein, von Bio-Bewusstsein spreche. Die rechte Gehirnhälfte, der Sitz der Intuition und des Instinkts, ist in unserer Zeit sehr geschwächt. Beim Zazen nehmen wir zu ihr wieder Verbindung auf.

Wenn eine Fliege die Gefahr fühlt, fliegt sie fort. Dieses Bewusstsein ist das Körperbewusstsein. Bei den meisten Menschen ist es jedoch zu schwach, und wir können Gefahren nicht mehr intuitiv erfassen.

*Im Zen spricht man viel von der Arbeit (Samu). Bezieht man intellektuelle Arbeit in diesen Begriff mit ein?*

Wenn man nicht körperlich arbeitet, wird man zu intellektuell. Professoren sind oft zu intelligent und werden seltsam.

Weisheit ist nicht nur eine Sache der vorderen Bereiche des Gehirns. Die wahre Weisheit entspringt dem Thalamus und Hypothalamus. Wenn diese stark sind, verfügt man über große Weisheit. Selbst wenn man zahlreiche philosophische Werke liest, arbeiten allein die vorderen Bereiche des Gehirns, während das Stammhirn schwach wird. Zwischen beiden fehlt das Gleichgewicht. Man wird müde, neurotisch und sogar verrückt. Das Gedächtnis wird immer schwächer, und obschon die vorderen Bereiche des Gehirns sich durch geistige Arbeit entwickelt haben, sind sie erschöpft, und man verliert mit dem Alter sein Gedächtnis.

Aber durch den Thalamus prägen die Dinge sich dem Gehirn ein. Allein das Wesentliche bleibt im Unterbewussten und kommt durch Zazen wieder hervor. Nicht die sexuellen Gedanken, die angenehmen Gedanken, sondern die Dinge, die mich in meinem Körper zutiefst beeindruckt haben, kommen beim Zazen wieder hervor.

Die Sūtren, die Vorträge meines Meisters, überhaupt alle bedeutenden Dinge haben Spuren hinterlassen, nicht in meinem Gedächtnis, sondern in meinem Thalamus, dank dem Unterbewussten.

Hingegen habe ich viel auf mich genommen, um Prüfungswissen anzusammeln, habe aber alles wieder vergessen.

Wenn ich während des Zazen spreche, dringen die Worte in Ihren Thalamus und werden zu Samen, der in fünf, zehn oder zwanzig Jahren aufgehen wird: Es wird Weisheit daraus werden. Das ist die höchste Psychologie.

*Was ist «Mushin»?*

Nicht-Denken. Professor Suzuki hat viel über *mushin* geschrieben. Es bedeutet: «Nicht-Denken», «unbewusst», «ein geistiger Vorgang ohne Denken», «Nicht-Denken». Das ist das Wesen des Zen.

Wenn Sie etwas tun, wenn Sie im täglichen Leben etwas wollen, und wenn Sie es bewusst tun, sind Sie nicht *mushin*. Wenn es sich über das Denken abspielt, ist es nicht Zen. Daher ist das Üben mit Körper und Muskeln für die Praxis sehr wichtig. Auch für das Sprechen ist es wichtig. Die meisten Menschen sprechen, nachdem das Gehirn ihnen den Befehl hierzu gegeben hat. Wenn Sie aber *mushin* werden, *hishiryō*, unbewusst, dann können Sie das tun, ohne zuvor zu denken.

Wenn Sie zum Beispiel einem Professor eine Frage stellen, muss er, bevor er antwortet, nachdenken. Der Zenmönch aber antwortet, ohne zu denken, unbewusst. Das ist der Grund, weshalb ein Zen-Mondō wichtig ist. Gewiss, ich denke an Ihre Frage, aber ich antworte unbewusst darauf. In der modernen Erziehung gibt es das nicht, und deshalb erweist sich die Zenerziehung als so wichtig.

Genauso verhält es sich mit den Handlungen. Das Gehirn denkt, und dann handelt man. Das ist nicht *mushin*. *Mushin* bedeutet, dass der Körper denkt. Wenn Sie das verstehen, können Sie Zen verstehen. Die meisten Zengeschichten handeln von *mushin*. Weisheit und intellektuelles Wissen sind nicht dasselbe. Im täglichen Leben, im Gespräch, denken die meisten Menschen erst, bevor sie antworten. Sehr intelligente Menschen bedienen sich der Weisheit und denken nicht. Sie sprechen und antworten mit Intuition. Wissen ist etwas anderes. Wenn man sich daran gewöhnt hat, antwortet man nicht mehr mit dem Gehirn. Durch Zazen kann man verstehen, dass es möglich ist, unbewusst zu sprechen. Während des Zazen ruht sich die Gehirnrinde aus, Ihre tieferen Gehirnschichten entwickeln sich und übernehmen die Tätigkeit. Beim Mondō kommt meine Antwort aus den tieferen Schichten des Gehirns. Meine tieferen Gehirnschichten antworten Ihnen unbewusst durch *mushin.* Ein Zen-Mondō unterscheidet sich daher von einer mündlichen Prüfung an der Universität. Wissen vorzutragen, ist keine Weisheit. Wenn Sie über lange Zeit Zazen praktizieren, erlangen Sie dies unbewusst. Weisheit – nicht Wissen.

Wenn ich zum Beispiel Vorträge halte, muss ich das, was ich sagen will, vorbereiten. Zunächst also Wissen ... und ein wenig Weisheit. Aber sobald ich dem Publikum gegenübertrete, spreche ich unbewusst und halte mich nicht immer an das, was ich vorbereitet habe. Ich betrachte die Gesichter und sehe es, wenn ich den Vortrag ändern muss. Es gibt kein Konzept mehr, alles kommt aus dem Unbewussten und beeindruckt. So entsteht das «Teishō», der eigentliche Zenvortrag.

Die Philosophien des Buddhismus und des Zen bestehen also nicht nur aus Kenntnissen. Das gilt auch für die Kampfkünste. Wie soll ich mich verhalten? Wenn ich über alles, was ich tun muss, nachdenke, wird ein wirksames Handeln unmöglich. Daher ist es nötig, *mushin* zu sein, damit der Körper ohne Denken reagiert. Das ist der Grund, weshalb die Praxis des Zazen sich für die Kampfkünste als so wirksam erweist. Wenn man zu viel denkt, wird der Gegner schneller sein.

*Manchmal will man handeln, dann taucht unbewusst ein Gedanke auf, und man macht einen Fehler!*

Nein, nicht unbewusst. Sie sind nicht konzentriert genug, Sie denken an etwas anderes. Wenn Sie daran gewöhnt sind, sich zu konzentrieren, wird alles *mushin.* Aber Praxis ist notwendig. Dann geschieht alles von allein.

Üben Sie beharrlich für ein Bild, ein Kunstwerk, eine Arbeit, danach werden Sie *mushin.* Es ist nicht nötig zu denken: «Ich will etwas Schönes, etwas Gutes schaffen.» Die meisten großen Meister haben ihre Werke unbewusst hervorgebracht. So entsteht die zur wahren Kunst führende Aktivität. Genauso ist es mit den Schauspielern. Wenn sie denken, machen sie keinen Eindruck. Wenn sie aber unbewusst spielen, entsteht Schönheit; und man fühlt, dass sie die von ihnen verkörperte Person leben. Wenn die Leute denken, gibt es keine Aktivität, kein Ki, und man spürt, wenn man sie betrachtet, keine Kraft. Wenn man denkt, ist das, was man tut, weder stark noch schön. Die Tauben denken nicht und sind sehr schön. In unserer Zeit denken die Menschen zu viel und beeindrucken niemanden mehr.

Wer Zazen praktiziert, verhält sich unbewusst richtig. Seine Manieren werden sehr schön und natürlich.

*Wenn Sie vom «normalen Zustand» sprechen, meinen Sie dann etwas, was der ganzen Menschheit gehörte und was verloren gegangen ist, oder etwas anderes?*

Der normale Zustand ist sehr schwer zu erklären. Soweit er sich auf den Körper bezieht, ist er leicht zu begreifen. Hinsichtlich des Bewusstseins ist es schwerer.

Psychologie, Philosophie und die Religionen haben versucht, ihn zu erklären: Der Geist Gottes oder die Buddhanatur sind der normale Zustand. Viele Religionen, viele Meinungen. Jede Epoche hat sich mit dieser Frage beschäftigt.

Im Zazen ist Hishiryō der normale Zustand des Bewusstseins: Nicht-Denken.

Ständig zu denken, ist nicht der normale Zustand. Ihre Vorstellungskraft, Ihre persönlichen Wünsche drücken sich aus. Und nun denken Sie immer mehr, Sie haben Angst, werden ängstlich. Wenn das zu lange anhält, treten Trübungen des Bewusstseins auf, ja sogar Wahnsinn.

Wenn Sie das Denken anhalten, finden Sie zum normalen Zustand des Bewusstseins zurück. Aber dann schlafen Sie ein ... Während des Schlafes ruht das Bewusstsein. Die Träume bringen das Unterbewusste an die Oberfläche. Wenn Sie träumen, sind Sie nicht in einer Phase tiefen Schlafes.

Beim Zazen kann man zum normalen Zustand zurückfinden. Man schläft nicht, aber der Tonus ist korrekt, und das Bewusstsein wird dem des Schlafes ähnlich.

Es ist schwierig, während des Zazen mit dem Denken aufzuhören. Dies ist die Philosophie des Zen hinsichtlich des normalen Bewusstseins, das Hishiryō Meister Dōgens und das «Nicht-Denken» von Jaspers.

*Fushiryō* heißt wörtlich Nicht-Denken. Mit *Hishiryō* ist gemeint: Denken, ohne zu denken. Höchstes Denken. Wenn man sein persönliches Bewusstsein anhalten will, dann ist das immer noch ein Denkvorgang! Man kann beim Zazen das Nichtdenken versuchen, die Gedanken steigen trotzdem auf. Das Unterbewusste steigt auf, man braucht es aber nicht zurückzudrängen. Am besten ist es, sich natürlich zu verhalten.

Wie kann man aufhören, mit seinem persönlichen Bewusstsein zu denken? Man konzentriert sich auf die Körperhaltung. Bei einer guten Haltung haben die Muskeln den richtigen Tonus. Der Zustand des Bewusstseins und der Muskeltonus stehen in enger Beziehung zueinander. Zugleich mit den Muskeln erlangt auch das Bewusstsein seinen normalen Zustand wieder. Man muss beide in einen Zustand der Ausgeglichenheit und der Harmonie bringen. Wenn der Tonus schwach ist, ist das Bewusstsein zu stark, und die Daumen sinken herab. Sie neigen den Kopf und sind traurig oder melancholisch. Wenn die Muskeln den richtigen Tonus haben, hört das Denken mit dem persönlichen Bewusstsein auf, und das Unterbewusste steigt an die Oberfläche.

Manche haben zu viele Dinge in ihrem Unterbewusstsein vergraben. Daraus entstehen die modernen Krankheiten des autonomen Nervensystems: Neurosen, Hysterie, Wahnsinn.

Während des Zazen kommt das hervor. Und nach dem Zazen haben alle Teilnehmer zufriedene Gesichter. Wenn Sie dann andere Leute sehen, werden Sie sicherlich finden, dass sie anders sind als Sie selbst, Sie werden sie ein wenig «schmutzig» finden, weil Sie selbst durch Zazen rein werden und zum normalen Zustand zurückkehren.

*Was bringt Zazen für den Geist?*

Nichts! Man soll keinen Zweck verfolgen, nichts begehren, was immer es sei. Üben Sie Zazen ohne Zielvorstellung, die Wirkungen werden danach automatisch eintreten.

Im *Shōdōka* heißt es: «Man soll weder nach der Weisheit trachten noch die Illusionen ablegen.»

Wenn die Illusionen während des Zazen zutage treten, soll man sie weder verdrängen noch nähren. Es ist sehr wichtig, in seinem Geist kein Ziel zu haben, sich des Zazen nicht zweckbezogen zu bedienen. Zazen ist kein Mittel zu einem Zweck. Wenn wir ein Ziel haben, einen Zweck verfolgen, wird über einen langen Zeitraum Unruhe in unser Leben gebracht. Man muss dem Weg auf natürliche Weise folgen. Wenn wir kein Ziel haben, wird unser Leben seinen Glanz nicht verlieren.

In den zwölf Jahren, die ich nun in Europa bin, habe ich zahlreiche Schüler gesehen, die gekommen waren, um mit einer bestimmten Absicht Zen zu praktizieren und die nicht durchgehalten haben. Sie suchen manchmal aufrichtig, aber ermüden schließlich und geben auf.

Man soll weder Buddha noch Zen als ein Mittel ansehen, um irgendetwas zu erhalten.

Mein Meister legte immer großen Nachdruck auf die Idee des *mushotoku*, der Absichtslosigkeit.

Das ist die Essenz des Zen und des Buddhismus: etwas erhalten, ohne dass man es zu erhalten sucht.

Wir wiederholen es jeden Tag, wenn wir das *Hannya Shingyō* rezitieren. Das ist die höchste und wahre Philosophie.

Genauso ist es, wenn Sie malen und die Absicht haben, ein Meisterwerk zu schaffen: Ihr Werk wird nur mittelmäßig werden. Wenn Sie hingegen völlig konzentriert und ohne Zielvorstellung sind, werden Sie ein schönes Werk hervorbringen können.

Die höchste Dimension des geistigen Lebens ist *mushotoku*, ohne Ziel, ohne Gewinnstreben.

*Könnten Sie den Ausdruck «hier und jetzt» erklären?*

Das ist das Bewusstsein von Zeit und Raum. Wichtig ist, was hier und jetzt geschieht. Denken Sie nicht an die Vergangenheit noch an die Zukunft. Sie müssen sich auf das Hier und Jetzt konzentrieren. Wenn Sie pinkeln, dann tun Sie nichts als das, wenn Sie schlafen, dann schlafen Sie! Genauso ist es mit dem Essen, Zazen, Laufen, Sex usw. – konzentrieren Sie sich nur auf das, was Sie gerade tun.

*Welche zeitliche Dimension hat das Jetzt, handelt es sich um eine Stunde, eine Minute?*

Der Augenblick. Der jetzige Augenblick ist schon vorbei, er existiert in Wirklichkeit nicht. Ich sage: «Das Jetzt ist wichtig.» Zazen jetzt praktizieren, weder heute Abend noch später. Das Gleiche gilt während des Zazen: «Jetzt die Atmung, jetzt die Konzentration.»

Aber der jetzige Augenblick existiert nicht. Wenn Sie daran denken, ist er bereits vergangen. Das wahre Jetzt existiert nicht, das Wichtigste ist daher die Konzentration auf den Zeitpunkt. Die Dauer der Konzentration entsteht hier und jetzt durch die Verbindung dieses Punktes mit anderen Punkten, ebenso wie eine Anreihung von Punkten in der Geometrie eine Linie bildet.

*Im* Shōbōgenzō *gibt es einen Abschnitt über «Uji» – die Sein-Zeit. Könnten Sie etwas darüber sagen?*

*Uji* ist die Philosophie der Zeit. *U* ist das Sein, die Existenz, *ji* die Zeit.

Dōgen hat sehr tiefgründig über *Uji* geschrieben: Alle Wesen sind die Zeit, und die Zeit ist die Gesamtheit allen Daseins. Die vergangene Zeit kann nicht wiederkommen. Hierher können wir nochmals kommen, aber der jetzige Augenblick wird niemals wiederkommen. Das ist vorbei.

Wenn alle Punkte unseres Lebens eine gebrochene Linie bilden, ist unser Leben kompliziert und auf den Irrtum gegründet. Wenn wir uns aber auf das Jetzt konzentrieren, dann bildet sich diese Linie gerade, harmonisch und schön.

Der Mensch beschäftigt sich ständig mit der Linie der Vergangenheit oder der Zukunft. Selten konzentriert er sich auf den Punkt des «Jetzt».

Selbst während des Zazen denken manche so: Letztes Jahr habe ich das gemacht, morgen werde ich jenes tun ... Sie konzentrieren sich nicht auf die Körperhaltung, die nach und nach erschlafft.

Man muss jetzt konzentriert sein. Das gilt für Ihr gesamtes Dasein. Das ist sehr einfach und doch sehr tief.

*Die Welt existiert, aber sie ist nicht wirklich. Was denken Sie hierüber?*

Ich spreche immer über *kū*. *Kū* ist Sein ohne bleibende Substanz, ohne Numen. Es existiert, aber existiert zugleich nicht. Es hat keine Substanz.

Ich existiere, aber was bedeutet das? Das Ich, ist das mein Kopf, meine Füße, meine Haut? Nein. Meine Zellen, mein Körper, meine Haut verändern sich ohne Unterlass. Alle sieben Jahre haben sich die Zellen des Körpers vollständig erneuert. Wo ist das Ich? Ebenso verhält es sich mit der Welt, sie hat kein Numen, sie ist *kū*.

*Aber was ist wirklich?*

Diese Welt existiert. Existieren oder nicht existieren bleibt ein metaphysisches Problem. Die Wirklichkeit ist ein physisches Problem. Es ist schwierig, diese beiden Gegenstände zu vergleichen. Die Religionen irren insoweit manchmal und schaffen Verwirrung. Im authentischen Zen gibt es keinen Kommentar zu den metaphysischen Problemen, auch nicht im Buddhismus, weder in Buddhas Sūtren noch in der Philosophie Nāgārjunas. Es ist nicht möglich, diese Frage endgültig zu lösen: Was war vor der Geburt, was kommt nach dem Tod ... Sie kann weder durch die Wissenschaft noch begrifflich gelöst werden. Es ist absurd, das Leben nach dem Tod begreifen zu wollen. So etwas beschäftigt vor allem egoistische Menschen, die wünschen, unsterblich zu sein. Sie sind Opfer der Fantasie und egoistischer Religionen: Wenn Sie große Schenkungen machen, kommen Sie mit Sicherheit ins Paradies ...

Dieses Problem kann weder durch die Metaphysik gelöst werden noch durch das Denken, und allein die Fantasie liefert Antworten. Dōgen spricht davon im Kapitel *Genjō kōan* des *Shōbōgenzō*.

Die Welt existiert oder existiert nicht, wie Sie wollen. Wenn Sie Ihr Fernsehgerät einschalten, erscheint auf dem Fernsehschirm eine Wirklichkeit. Schalten Sie das Gerät aus, existiert sie nicht mehr. Genauso verhält es sich mit dem Tod.

Wenn wir sterben, hört die Welt nicht auf zu existieren. Aber in diesem Augenblick verschwindet unser Kosmos. Unser Karma wirkt dagegen fort ... Unser Blut wird zu Erde und Wolken ... Daher enden wir nie – unser Körper hört niemals auf zu bestehen, und unser Geist endet nie. Körper und Geist sind eins.

Die metaphysischen Probleme aber können in keiner Weise bestätigt werden. Die wahre Religion beschäftigt sich mit diesen Problemen nicht und gibt hierzu keine Stellungnahme ab. Nur egoistische Menschen denken an das ewige Leben.

*Warum gibt es im Kosmos Erscheinungsformen?*

Die Phänomene existieren: Flüsse, Berge, Sterne sind Erscheinungsformen des Kosmos. Ursprünglich war der Kosmos Chaos. Dann erschienen die Phänomene und sie bilden sich ständig um. Das ist die allem zugrunde liegende kosmische Kraft. *Kū* wird *shiki*, Erscheinungsformen.

*Im* Shinjinmei *ist die Rede von Unbeständigkeit. Sind Buddha, der Weg, die kosmische Ordnung ebenfalls unbeständig?*

Ja, alles ist unbeständig, selbst die kosmische Ordnung. Alles verändert sich. Wenn Sie das verstehen, haben Sie Satori.

Die Europäer wollen immer Kategorien bilden mit ihrem persönlichen Bewusstsein und nehmen Widersprüche nicht hin.

Alles ist beständig, wenn Sie es als beständig ansehen, und unbeständig, wenn Sie es unter dem Aspekt der Unbeständigkeit betrachten. Beide Aspekte sind wahr. Sie sollten immer beide Seiten verstehen und sich nicht nur für einen Aspekt entscheiden.

Der Körper ist unbeständig: Man wird geboren, man stirbt, wie eine Blase, die auf der Oberfläche des Stroms erscheint und verschwindet. Aber die Essenz, der Strom, ändert sich niemals.

Vater und Mutter begegnen sich. Das Kind wird geboren und wird Energie. Es wächst, kann sich verheiraten, ein Haus besitzen, einen Wagen etc. – und schließlich stirbt es. Es kommt in den Sarg. Die Elemente, aus denen sein Körper sich zusammensetzt, werden wieder zu Erde – selbst wenn man ihn verbrennt – und zu Energie. In Wirklichkeit ändert sich nichts, nur im Bereich der Form findet ein sichtbarer Wechsel statt. Es herrscht Beständigkeit.

Beide Zustände sind wichtig. Es ist dies keine Frage, die mit Sinnen und Verstand gelöst werden könnte, sondern eine Frage, die Weisheit verlangt.

Aber es ist eine gute Frage. Sie werden Ihre Intelligenz entwickeln und wahre Weisheit erlangen können.

Bilden Sie vor allem keine Kategorien mit Ihrem persönlichen Bewusstsein, denn sonst werden Sie immer zur Hälfte irren.

*Was ist nicht Illusion, nicht Erscheinungsform?*

*Kū* und *shiki* sind dasselbe. Die Erscheinungsformen sind selbst die Wahrheit.

Während des Zazen sollen Sie das Denken nicht aufgeben, Sie sollen es aber auch nicht unterhalten. Wenn Sie sich auf die Haltung konzentrieren, ist es nicht nötig, das Satori-Bewusstsein, das Erleuchtungsbewusstsein erlangen zu wollen.

Während des Zazen erscheinen gewiss viele Illusionen. Was sind das für Illusionen? Was ist gut? Was ist schlecht? Es ist schwer, einen Maßstab aufzustellen. «Ich muss schön sein, gut sein, ich darf nicht an schlechte Dinge denken und nicht an

Sex.» Alles ist nur Erscheinungsform. Wenn Sie sich daher auf Ihre Haltung konzentrieren, wird diese wie ein Spiegel. Die Illusionen, die Gedanken ziehen an dem Spiegel vorbei. Der Spiegel reflektiert viele Dinge, aber er selbst ändert sich nicht. Die Illusionen als solche sind die Wahrheit. Das ist es, was das *Hannya Shingyō* bedeutet: *Kū* wird zu den Erscheinungsformen, die Erscheinungsformen werden *kū*. Es gibt keine Trennung.

*Ich kann das verstehen, aber es handelt sich hier trotzdem um einen relativen Begriff – aber relativ wozu?*

*Shiki* bedeutet Illusion. Aber die Illusion an sich ist Wahrheit. Sie schließt alles ein. Es ist nicht notwendig, während des Zazen die Illusionen abzuschneiden. Selbst die schlechten Dinge müssen vorbeiziehen. Es ist unnütz, Illusion und Satori zu trennen. Die Illusion selbst ist Satori.

Sondern Sie Gut und Böse nicht voneinander ab. Manchmal werden die Dämonen zu Gott und Gott zum Dämon. Und so ist auch unser Antlitz. Manchmal ist der Mensch Gott oder Buddha, manchmal Dämon. Er ist nicht nur und zu jeder Zeit Gott oder Buddha!

Während des Zazen denkt man nicht, aber die Illusionen erscheinen. Und wenn man das Sitzen gewöhnt ist, wenn man körperlich nicht mehr leidet, denkt man noch mehr. Die Anfänger denken weniger! Sie sind auf die Haltung konzentriert, haben Schmerzen in den Knien und an den Nieren. Aber mit der Gewöhnung kommt das Denken automatisch wieder. Man soll diese Gedanken jedoch nicht unterhalten. Man muss sich konzentrieren, und so kehrt man zum Spiegel zurück.

*Besteht nicht die Möglichkeit, durch Denken zu Kū, zur Leerheit zu gelangen?*

*Kū* ist nicht eigentlich das Bewusstsein der Leerheit. *Kū* ist Dasein – Existenz – ohne bleibende Substanz. Ich existiere, der Tisch existiert, die Karotte in meiner Küche existiert, aber sie hat keine bleibende Substanz. Ich selbst existiere auch, aber ich habe keine bleibende Substanz. Was ist das Numen letzten Endes? Es ist die Quelle des Lebens.

Was ist die Quelle des Lebens? Es gibt heute zwei Lehrmeinungen, den Mechanismus und den Vitalismus. Niemand jedoch hat das Problem endgültig gelöst. Ich tendiere zur Aktivität, zur Energie. Das ist unser eigenes Wesen, unser eigenes Verhalten, das bei jedem anders ist, wie Gesicht, Charakter und Haarfarbe.

Was ist das Ich? Letzten Endes hat man keine bleibende Substanz. Das ist *kū*, die Leerheit. Das bin nicht ich. Nichts ist ich. Unsere charakteristischen Merkmale sind der Einfluss unseres Karmas, unseres Erbgutes, unseres Blutes. Wir sind nichts als Karma, das sich nach Maßgabe unserer Vorfahren und unserer Umgebung angesammelt hat. Wir verändern uns dauernd. Die Zellen, der Körper ändern sich ständig. Letzten Endes haben wir keine bleibende Substanz. Manche überrascht das, trotzdem ist das die wahre Bedeutung von *kū*.

Wenn man das versteht, begreift man das Ego. Das Ego existiert, aber es ist nur Karma und wechselseitige Abhängigkeit. Das Wesen des Tisches ist das Holz. Das Wesen des Holzes ist der Baum. Die Blume zum Beispiel ist sehr schön. Was ist ihr Wesen? Selbst wenn man sie sezieren würde, könnte man es nicht finden, ebenso wenig kann man in unserem Körper ein Numen finden. Am Ende sagt man: «Vielleicht ist es Ki», und entdeckt dann, dass unser Ki, unsere Aktivität, gebunden ist, entdeckt unsere wechselseitige Bindung zum Kosmos. Dann kann man feststellen, dass Gott oder Buddha unser Wesen ist.

Buddha hat gesagt, unser Leben sei *Kū*, Leerheit. Christus hat gesagt, unser Leben sei Gott. Es ist die Aktivität des Kosmos, aller kosmischen Systeme. Wir finden überall dieselbe Mechanik: Die Sterne, unser Körper, unsere Zellen – Makrokosmos und Mikrokosmos – haben denselben Aufbau. Man muss dieses kosmische System begreifen. Wenn man ihm folgt, ist man frei, wenn man sich gegen es bewegt, wird das Leben schwierig.

Wenn man in ein Mikroskop blickt, so ist alles auf die gleiche Weise aufgebaut: Atome, Neutronen – und am Ende nichts mehr. Keine Form, keine bleibende Substanz. Mikrokosmos, Makrokosmos, alles ist gleich, *Kū*. Das ist das Satori.

*Was ist «Mu»?*

Zazen. «Mu» heißt «Nichts», es handelt sich aber nicht um einen negativen Begriff. *Mu* ist nicht der Gegenbegriff zur Existenz: Es ist nichts. Das ist sehr schwer zu erklären.

Was ist *Mu*? Nichts und alles. Das ist ein großes Kōan. Manche denken drei oder gar fünf Jahre lang darüber nach. Die großen Rinzaimeister denken jeden Morgen darüber nach, und die Schüler denken während des Zazen daran, und das dauert Jahre. *Mu* existiert nicht. *Mu* existiert, aber ohne Numen. Ein großes Kōan. Wenn Sie weiter Zazen praktizieren, werden Sie es verstehen können.

## Satori

*Könnten Sie über das Satori sprechen?*

Sie können es mit Ihrem Gehirn nicht verstehen. Wenn Sie aber Zazen praktizieren, können Sie unbewusst Satori erlangen. Die Zazenhaltung selbst ist Satori.

Satori ist die Rückkehr zum normalen, ursprünglichen Zustand. Es ist das Bewusstsein des Kleinkindes. Christus hat dasselbe gesagt: Man muss zum wahren, ursprünglichen Zustand zurückkehren, ohne Karma, ohne Verwirrung. Entgegen dem, was manche meinen, handelt es sich nicht um einen besonderen, speziellen Zustand, sondern um die Rückkehr zum ursprünglichen Zustand.

Durch die Zazenpraxis wird man friedlich. Durch den Körper kann man das Satori-Bewusstsein erlangen. Daher ist die Haltung sehr wichtig. Das Satori können Sie nicht finden, wenn Sie den Kopf in den Händen halten wie der «Denker» von Rodin. Daher haben die Asiaten Ehrfurcht vor der Haltung Buddhas. Es ist dies die höchste Körperhaltung. Weder der Schimpanse noch das Baby können Satori erlangen.

Das Baby ist in seinem ursprünglichen Zustand, aber nachher verdunkelt uns das Karma, und wir müssen diesen Zustand erst wiederfinden. Der Schimpanse hat das nicht nötig, auch er befindet sich in seinem ursprünglichen Zustand. Nur der Mensch, der diesen verloren hat, wird kompliziert und muss ihn wieder neu erwerben. Dieser ursprüngliche Zustand ist der Geist Gottes oder die Buddhanatur.

*Ist es schwer, Satori zu erlangen?*

Nein, es ist der normale Zustand. Zazen hilft Ihnen. Wenn Sie immer von Neuem Zazen praktizieren, wird es einfach.

*Sie sagen, Satori sei unbewusst, und man könnte es nicht bewusst wahrnehmen. Kann man aber feststellen, dass man es nicht hat?*

Wenn Sie sagen: «Ich habe das Satori», sind Sie verrückt. Niemand weiß das. Ich selbst weiß darüber auch nichts. Bis zum Tod kann man es nicht wissen. Wenn Sie denken: «Ich habe das Satori gehabt», begrenzen Sie es durch Ihr bewusstes Denken. Wenn Sie sagen: «Na also, jetzt habe ich das Satori», werden Sie beengt, bilden Sie Kategorien, und dann ist es nicht das wahre Satori, sondern ein beengtes Satori.

Das Satori ist unbegrenzt. Es ist das kosmische Bewusstsein, und man kann nicht wissen, was das ist. Die vollkommene Weisheit ist wahres Satori.

Ist es möglich zu begreifen, dass man Satori nicht hat? Welche Frage. Es ist nicht nötig, sich überhaupt Gedanken über das Satori zu machen.

*Buddha hat über verschiedene meditative Zustände gesprochen, die verschiedenen Erfahrungen entsprechen sollen. Gibt es im Zen etwas Entsprechendes?*

Im Zen gibt es keine Grade und keine Stufen. Wenn Sie hier und jetzt Zazen praktizieren, haben Sie das wahre Satori erlangt. Im Hier und Jetzt kann es keine Abstufungen geben. Das ist sehr wichtig.

Wenn Sie dreißig Jahre alt sind, hat es keinen Sinn, sich wie ein Achtzigjähriger zu benehmen. Wenn man dreißig Jahre alt ist, muss man sich auch so benehmen und nicht wie ein Greis.

Die Gedanken unterscheiden sich entsprechend dem Alter, und auch das Satori ist verschieden. Das Verständnis eines Dreißigjährigen entspricht nicht dem eines Achtzigjährigen. Keine Abstufungen, hier und jetzt, keine Grade.

Es ist nicht nötig, sich zu sagen: «Ich muss Buddha werden, ich muss Satori erlangen.» Wenn Sie zwanzig oder dreißig Jahre alt sind, müssen Sie das Satori eines jungen Menschen begreifen. Aber was ist das Satori? Ganz einfach die Wahrheit, das kosmische System, die kosmische Wahrheit verstehen. Und nur, wenn man alles aufgegeben hat, kann man in Harmonie mit dem kosmischen System leben.

*Welche Stufen des Satori gibt es? Sie haben gesagt, dass Buddha ein großes Satori gehabt habe.*

Eine Einteilung in Grade ist nicht notwendig. Es ist unnütz, sich während des Zazen zu fragen: «Bei welchem Grad des Satori bin ich jetzt angekommen?» Man kann sie weder vergleichen noch sagen, welches tiefer, welches unendlicher ist.

Zum Beispiel kann Zazen Sie bei kleinen Anlässen des täglichen Lebens Ihre Fehler erkennen lassen. Wenn Sie verstehen und sich nach Ihrem Verständnis richten, dann ist das Satori: Es ist klein und zugleich groß.

Objektives Verstehen ist nicht dasselbe wie subjektives Verstehen. Ein objektiv betrachtet geringer Anlass kann subjektiv die Quelle eines großen Satori werden. Meister Kyōgen erlangte Satori, als er seinen Garten fegte und ein Ziegel an einen Bambus schlug. Der objektive Aspekt ist nicht wichtig. Es gibt Millionen vergleichbarer Ereignisse, aber er hatte Satori.

Als Gensha zu Fuß reiste, stieß er mit dem großen Zeh gegen einen Stein. «Woher kommt dieser Schmerz?», fragte er sich und erlangte Satori. Viele verletzen sich den großen Zeh und haben deshalb doch kein Satori.

Man kann keine verschiedenen Grade der Erleuchtung feststellen, weder objektive noch subjektive. Zen ist der direkte Weg, der zum Gipfel führt – wie die Drahtseilbahn.

*Was versteht man unter «Kenshō»?*

Sein eigenes Wesen betrachten, sein Satori betrachten. Es handelt sich um einen Ausdruck aus dem Rinzai-Zen. Der Meister bestätigt das Satori. Das Kenshō ist identisch mit dem «Erkenne dich selbst» des Sokrates. Wir haben keine bleibende Substanz. Wenn Sie das verstehen, dann ist es das Satori. Sie kehren in die kosmische Ordnung zurück.

Das ist das Satori Śākyamuni Buddhas unter dem Bodhibaum. Er begriff, dass er kein Numen hatte, dass er mit der kosmischen Ordnung, mit der kosmischen Kraft, verbunden war und erlangte in diesem Augenblick Satori. Als er aufstand, hatte er alle Probleme gelöst. In neunundvierzig Tagen hatte er sein Karma vollständig abgelegt. An jedem Tag brachte ihm ein junges Mädchen Milch und massierte ihn. Und am Ende verstand er, dass er kein Numen hatte. Nichts. Das Numen ist die allem zugrunde liegende kosmische Kraft. Das Satori Buddhas verwirklicht dies.

Während des Zazen ist es dasselbe, und wenn Sie hieran glauben, brauchen Sie kein Kenshō. Während des Zazen verbinden Sie sich mit der kosmischen Ordnung.

*Hatten Sie Satori, Meister Deshimaru?*

Ich weiß es nicht.

Man darf das Satori weder suchen noch begehren. Wer eine solche Frage stellt, will sicher Satori erlangen.

Dōgen legte besonderen Nachdruck auf diesen Grundsatz des Sōtō-Zen: Das Satori existiert in uns bereits weit vor unserer Geburt. *Kū* und Satori, beide haben kein Numen und bedeuten Dasein ohne Numen, ohne bleibende Substanz. Warum sollten wir danach trachten, Satori zu erlangen, da wir es doch bereits besitzen? Aber wenn unser Leben von Leidenschaften und Wünschen erfüllt ist, wenn es kompliziert ist, dann müssen wir Zazen praktizieren, um unsere normale Verfassung wiederzuerlangen. Zazen selbst ist das Satori.

Die Rückkehr zum normalen Zustand wird durch eine gute Körperhaltung, eine korrekte Atmung und das Schweigen bewirkt.

Wenn man die Frage «Haben Sie das Satori?» stellt, dann zeigt sich, dass man nicht verstanden hat, was das wahre Zen ist.

Die einzig passende Antwort ist: «Nein, ich habe das Satori nicht, aber ich praktiziere Zazen, denn Zazen an sich ist das Satori.» Das Hier und Jetzt ist das Wichtigste.

Selbst wenn man in der Vergangenheit gemeint hat das Satori zu haben, hier und jetzt aber nicht mehr im normalen Zustand lebt und nicht mehr Zazen praktiziert, so würde dieses Satori nichts bedeuten und nicht mehr existieren.

Bis zum Tod kann es hier kein vollkommenes Satori geben, dieses findet erst in unserem Sarg statt.

Würde ich auf Ihre Frage antworten: «Ja, ich habe das Satori», dann wäre es nicht das wahre Satori.

Wenn Sie jemanden fragen: «Sind Sie gut?», und er antwortet: «Ja», dann ist es sehr wahrscheinlich, dass er nicht so gut ist, wie er vorgibt zu sein, denn sonst wäre seine Antwort bescheidener ausgefallen: «Nicht so besonders», oder: «Mir ist davon nichts bekannt.» Fragen Sie einen geistig Kranken, ob er verrückt sei. Sicherlich wird er Ihnen antworten, er sei es nicht, vielmehr sei er völlig normal ...

Mit dem Satori ist es genauso.

Die meisten Menschen leben wie wahre Satori-Verrückte. Sie leben ein Leben der Leidenschaften, Wünsche und Illusionen.

Darum existieren Buddha oder Gott, welche die einzige Wahrheit des Universums bedeuten, das wahre Satori, ohne Illusionen, ohne Leidenschaften.

Wenn man Zazen praktiziert, findet man den normalen Zustand wieder, man nähert sich Gott oder Buddha.

Wenn man antwortet, dass man Satori habe, bedeutet das in Wirklichkeit, dass man sich in einem anormalen Zustand befindet, wie der Verrückte, wie die meisten Menschen, für die Geld, gutes Essen, gesellschaftliche Anerkennung, Sex, Kleidung, Autos usw. der normale Zustand sind.

Trotzdem ist all das nur Blendwerk, das im Augenblick des Todes als solches erscheint. Der Körper selbst ist, wenn man ihn in den Sarg legt, eine Illusion.

Wenn man alles das begreift, erlangt unser Leben eine neue Kraft, und es besteht kein Grund mehr, irgendetwas zu fürchten und sich mit äußerem Schmuck selbst zu betrügen.

Unser Leben wird friedlich. Das ist die wahre innere Freiheit. Das ist der Sinn des Satori.

*Zen und die Zivilisation*

# Zen im Westen

## Die moderne Zivilisation

*Warum sind Sie nach Europa gekommen?*

Weil ich hierher kommen wollte! Und ich bin damit sehr zufrieden! Ich liebe Frankreich und Europa sehr, daher bin ich hierher gekommen. Das ist eine sehr einfache Antwort.

Ich bin hierher gekommen, um den Europäern wahres Zen zu lehren, denn es wird missverstanden. Die Intelligenz hat davon nur einen aus Büchern gewonnenen Eindruck. Mein Meister sagte mir: «Es ist besser, nach Europa zu gehen. Bodhidharma hat Zen aus Indien nach China gebracht, Dōgen von China nach Japan, und von Japan soll es nach Europa gelangen. Das ist sehr wichtig.» Wenn der Boden erschöpft ist, wächst die Saat nicht mehr. Wenn man die Erde aber wechselt, kann sich die gute Saat neu entwickeln. Europa ist auf diesem Gebiet noch Neuland, und ich hoffe, dass der Samen des Zen hier austreiben wird. Heute wollen die Japaner schon das Zen der Europäer nachahmen. So hat das gar eine doppelte Wirkung!

*Die indische, chinesische und japanische Kultur haben nacheinander Zen beeinflusst. Gibt es in unserer Kultur Elemente, die Zen beeinflussen könnten, oder mit anderen Worten, wird Zen von unserer westlichen Welt Beiträge erhalten?*

Bodhidharma kam aus Indien und brachte China das Zen. China wurde hierdurch beeinflusst. Es war zu diesem Zeitpunkt ein hoch entwickeltes Land. Die chinesische Kultur nahm Zen (*chan*) und seine Philosophie an und wurde hierdurch nachhaltig geprägt. Und Zen seinerseits wurde vom chinesischen Naturalismus und Pragmatismus durchdrungen und hierdurch sehr kraftvoll.

Dann brachte Meister Dōgen Zen nach Japan. Zen übte einen tiefen Einfluss auf den Geist der Samurai aus und auf die japanische Kultur im Allgemeinen. Bis heute hat Zen die japanische Kultur geprägt.

Vor mehr als zehn Jahren habe ich nun Zen nach Europa gebracht. Derzeit wird die Kultur schwach, und immer wenn die Kultur ermattet, gibt Zen ihr die Lebenskraft zurück. Auch in China war die intellektuelle Kultur überentwickelt, und Zen hat sie belebt. In Japan hatte der traditionelle Buddhismus sich zur Zeit Dōgens völlig in Esoterik verwandelt. Die Menschen werden schwach, wenn sie sich zu sehr der Fantasie und des Intellekts bedienen. Daher brachte Dōgen mit Zen das Gleichgewicht. Man braucht nicht nur Spiritualität und Fantasie, sondern auch Praxis.

Zazen praktizieren ist leicht und zugleich schwer. Die Haltung ist einfach, aber bringt Schwierigkeiten mit sich und verlangt höchste Meisterschaft.

Die Kultur ist heute in Europa dekadent, und nicht nur in Europa, sondern im ganzen wissenschaftlich geprägten Westen. Wenn Sie indes Zazen praktizieren, wird die westliche Kultur sicherlich wieder Kraft gewinnen. Ich glaube es.

Es wird genauso sein wie mit der chinesischen Kultur zur Zeit Bodhidharmas.

Die Menschen des Westens haben ein gutes Gehirn. Wenn Sie Zazen praktizieren, werden Sie aktiver und ausgeglichener werden. Und die europäische Kultur wird auch in den kommenden Jahrhunderten stark sein.

*Wenn man aber Zazen praktiziert, bedeutet das dann nicht, der Wirtschaft, dem Sozialleben, der Welt überhaupt zu entfliehen?*

Nein, ich glaube das nicht. Das Kleinkind wird durch die Nahrung, die Brust der Mutter angezogen. Der Heranwachsende ist sehr empfänglich für Sexualität. Geld und materieller Besitz ziehen die Erwachsenen an. Schließlich kommt die gesellschaftliche Anerkennung.

Wenn das menschliche Wesen aber entdeckt, dass all das nicht ausreicht, um ihm das Glück zu bringen, das es ersehnt, wendet es sich der Spiritualität zu. Das ist keine Flucht, sondern vielmehr ein Beweis von Realismus und Evolution. Nur das menschliche Wesen hat Zugang zum spirituellen Bereich.

*Was würde aus der Welt, wenn jeder Mensch Zenmönch wäre?*

Man muss nicht Mönch werden! Ich habe die Bedeutung der Arbeit und des täglichen Lebens nie infrage gestellt.

Jeder muss sein Brot erwerben können. Das Hier und Jetzt ist wichtig! In diesem Dōjō praktiziert man Zen nicht Tag und Nacht. Auch ich selbst sitze nicht immer in Zazen. Durch die Praxis wird Zazen zur Stütze Ihres täglichen Lebens, durch Zazen wird Ihr ganzes Leben Zen.

Es ist folglich nicht notwendig, Mönch zu werden. Wenn Sie es aber werden wollen, so ist dies das höchste spirituelle Leben – jenseits des menschlichen Lebens.

Was ist das spirituelle Leben? Es bedeutet, sich selbst zu erkennen. Alle großen Menschen haben das gesagt, alle haben das verstanden: «Ich bin das absolute Nichts.»

Wenn wir in unserem Innern verwirklichen, dass wir kein persönliches Ego haben, dass unser Leben nichts als wechselseitige Abhängigkeit ist, dass wir nur das Ergebnis der Einflüsse unserer Umgebung sind, dass in all dem kein Raum für ein Ich ist, dass unser Leben ohne bleibende Substanz ist – dann sind wir offen für die Dimensionen des Kosmos, empfangen seine Energie und können schöpferisch tätig sein.

Öffnen Sie Ihre Hände, und Sie werden alles empfangen, selbst die materiellen Güter.

Haben Sie keine Angst – dies ist das Satori.

*Wo befindet sich die Welt aus der Sicht der Evolution gesehen heute?*

Es gibt Dinge, die sich nicht entwickeln, die sich sogar zurückbilden. Das ist ein großes Problem der Zivilisation. Manche denken, die Zivilisation fördere den Fortschritt, andere meinen hingegen, sie stelle sich ihm entgegen. Wer hat Unrecht, wer hat Recht? Entwickelt sich der Mensch, oder entwickelt er sich zurück?

Wenn Stammhirn und Hypothalamus schwach werden, dann ist das keine Evolution. Das Stammhirn wird schwach, das Großhirn wird stark. Aber die Harmonie, das Gleichgewicht beider ist unentbehrlich. Wenn das innere Gehirn und der Hypothalamus stark werden, findet wirkliche Evolution statt! Daher ist Zazen wichtig. Ich spreche immer vom Gleichgewicht. Wenn es kein Gleichgewicht gibt zwischen dem inneren Bereich, dem Stammhirn, und dem äußeren Bereich, dem Bereich des Intellekts, herrscht Schwäche. Wie kann man zwischen beiden Harmonie herstellen? Das ist schlicht ein Problem der menschlichen Erziehung. Man muss sie ändern. Hier im Dōjō erhalten Sie eine gute, eine wahre Erziehung ...

*Warum sind wir unvollkommen? Waren wir zuvor vollkommen, und sollen wir es wieder werden?*

Das ist das Problem der ganzen Zivilisation. Welche ist besser, die alte Zivilisation oder die neue? Es ist ein Scheinproblem, denn man kann es nicht lösen.

Ursprünglich war das innere Gehirn sehr entwickelt, aber mit der Zivilisation hat sich der Außenbereich, die Hirnrinde, entwickelt. Je mehr das Äußere wächst, um so kraftloser wird das Innere. Es entsteht zwischen beiden eine Unausgewogenheit – eine Unausgewogenheit der Nerven –, es entstehen Geisteskrankheiten und Neurosen, Wahnsinn wie bei Nietzsche und vielen anderen Philosophen. Die moderne Erziehung wendet sich nur an die äußeren Bereiche des Gehirns. Was kann man also tun, um das innere Gehirn zu stärken?

Ich habe einmal die Grotten von Lascaux und Tassili besucht. Vor Jahrtausenden haben Menschen in diesen Grotten Zeichnungen angebracht. Diese Bilder sind schön und feinfühlig, und ich ziehe sie denen Picassos vor. Die menschliche Entwicklung ist ein großes Problem. Die Intelligenz hat sich seit dem Mittelalter sehr entwickelt, aber wo ist die Weisheit geblieben? Was bedeutet in unserer Zeit Evolution? Die Muskeln werden schwach, das Gehirn auch. Nicht alle Menschen entwickeln sich, obgleich Intelligenz und Wissen Fortschritte machen.

Der Westen muss stark werden. Er hat nicht dieselbe Religion wie Asien und Afrika, aber ich hoffe, dass sie sich vereinigen werden. Die Afrikaner sind kämpferisch. Das ist ein Wesensmerkmal der Wüste. Die Religion ist dort stark. Die Moslems kämpfen und bilden Gruppen. Die Asiaten dagegen sind ruhiger. Das kommt vom Einfluss der Monsune, die alles verwüsten und Geduld notwendig machen. Buddha wollte nicht mehr kämpfen. Er wollte den Frieden. Auf diese Weise hat sich der Buddhismus entwickelt und ganz Asien beeinflusst.

Wie kann man den wahren Frieden für die ganze Menschheit finden? Die politischen Probleme beeinflussen unsere Umwelt. Wir müssen die positiven Schwingungen annehmen und die negativen zurückweisen. Das erfordert Anstrengung, eine neue Art geistiger Anstrengung. Die Europäer bemühen sich nicht genug. Sie ermüden schnell. Daher ist es wichtig, Zazen zu praktizieren. Wenn Sie Zazen praktizieren, sind Sie auch imstande sich anzustrengen. Ich glaube, dass selbst in Afrika nur wenige junge Leute fähig sind, eine wirklich große Anstrengung zu ertragen. Sie sind zwar stark, aber nicht sehr motiviert. Wie kann man lernen, sich anzustrengen?

Welche Beziehung besteht zwischen Aktivität und Aggressivität? Ist viel Aktivität in Ihnen, so möchten Sie sie auch verausgaben, und wenn Sie sich ihrer bedienen, um Böses zu tun, entsteht Aggressivität, was nicht gut ist. Wenn jemand aggressiv wird, müssen Sie ihm Weisheit entgegensetzen. Ich habe niemals gesagt, man müsse aggressiv werden. Man muss Weisheit praktizieren und wahre Aktivität hervorbringen. Man muss das Gleichgewicht herstellen. Weisheit ohne Aktivität, um sie in die Wirklichkeit umzusetzen, führt zur Verdummung. Es ist wichtig, sich nicht wie ein Tier aufzuführen, aber man soll auch nicht nur spirituell sein wie ein Gespenst. Nur das Gleichgewicht zählt und führt zur Evolution.

*Wir leben in einer Epoche vollständiger Dekadenz. Glauben Sie, dass die Zivilisation sich später wieder stabilisieren wird?*

Ja, ich glaube, dass sie wiedererstehen wird und dass der Mensch schließlich besser wird. Was schlecht ist, wird sich verwandeln. Heute liegt in der ganzen Welt alles im Argen, aber später wird sich das ändern. Eine neue Zivilisation wird entstehen.

*Was soll man im täglichen Leben tun?*

Arbeiten, pinkeln, essen, was immer sie wollen! Wenn man regelmäßig Zazen praktiziert, wird einem dies zur Gewohnheit, und was mich zum Beispiel angeht, so funktioniert mein Gehirn im täglichen Leben genauso wie beim Zazen.

Das Morgenzazen beeinflusst das tägliche Leben, und Sie gewöhnen sich daran, immer in diesem Geist zu handeln. Wenn die Leute das Dōjō nach dem Morgenzazen verlassen, sind sie ganz ruhig, und davon wird ihr Leben beeinflusst; das Gehirn ist klar und ruhig und nicht erschöpft. Das hat eine tief greifende Wirkung. Aus diesem Grund praktizieren die Leute Zazen.

Es ist nicht gut, immer den Kopf hängen zu lassen. Denken Sie daher stets daran den Nacken zu strecken und das Kinn zurückzuziehen; die modernen Menschen lassen den Kopf zu sehr hängen. Der Nacken muss immer gut gestreckt werden, damit das Gehirn durchblutet und der Geist klar wird.

*Wie kann man Zazen und den Begriff der Interesselosigkeit im heutigen Leben miteinander vereinbaren?*

Wenn Sie während des Zazen kein Ziel haben, wenn Sie keinen Gewinn erhoffen, sind Sie *mushotoku*. Wenn Sie Gewinn erzielen, ohne ihn gewollt zu haben, so ist das gut. Sie brauchen ihn nicht zurückzuweisen. Aber Sie sollen ihn auch nicht anstreben. Während des Zazen sollen Sie nichts erlangen wollen, auch nicht die Erleuchtung, Satori, gute Gesundheit, Ruhe, Befreiung von Ängsten, Fortschritte im Zen ... Es ist nicht nötig, derart zu denken. Folgen Sie ausschließlich meiner Lehre: Konzentrieren Sie sich auf die Haltung, auf die Atmung. Das genügt.

Es ist eine Krankheit des Geistes – nicht nur beim Zazen, sondern auch im Leben –, etwas erhalten, sich einer Sache bemächtigen zu wollen.

*Ja, aber manchmal hat man Angst, gerade weil man kein Ziel im Leben hat.*

Wenn Sie sich hier und jetzt auf das konzentrieren, was Sie gerade tun, brauchen Sie kein Ziel. Konzentrieren Sie sich auf die Arbeit, wenn Sie arbeiten, auf die Nahrung, wenn Sie essen, auf die Toilette, wenn Sie auf die Toilette gehen ... Wenn Sie reden, so reden Sie, und sagen Sie ausschließlich das, was für die Situation wichtig ist.

Wenn Sie hier und jetzt konzentriert sind, wird diese Konzentration Sie bis in den Tod begleiten und Sie ständig erleuchten, aber das ist nicht eigentlich ein Ziel.

Man muss hingegen ein Ideal haben – das ist notwendig. Aber Ideal und Ziel sind zwei völlig verschiedene Dinge. Das größte Ideal ist die allumfassende Liebe, nicht die egoistische Liebe. Diese universelle Liebe ist kein Ziel, sondern ein Ideal.

Auch Hoffnung ist notwendig. Was ist eine Hoffnung? Ein geschickter Politiker zu werden? Wohl kaum. Ein großer Künstler? Vielleicht. Aber was ist ein großes Ideal? Handeln ohne Gewinnstreben – *mushotoku*. Das ist das größte Ideal.

Es ist unnütz, unbedingt reich werden und Anerkennung erringen zu wollen. Allein Konzentration – hier und jetzt –, das ist Zen.

*Kann man Pläne machen und Wünsche haben, wenn man Mushotoku praktiziert?*

Das tägliche Leben und Zazen sind nicht das Gleiche. Im täglichen Leben muss man Gewinn erzielen: Ein Geschäftsmann soll sich konzentrieren, um Gewinn zu erzielen.

Ich spreche von der inneren Haltung, vom subjektiven Problem. Wenn man *mushotoku* ist, ist man immer innerlich frei, selbst wenn man verliert.

Im täglichen Leben braucht man Weisheit. Sie müssen Ihre Weisheit gebrauchen. Es ist notwendig, jedermann gegenüber *mushotoku* zu sein. Bei den meisten Menschen ist der Geist hingegen niemals frei von Zielen: «Ich werde ihm dieses geben, vielleicht wird er mir jenes dafür geben.» Das ist ein Problem des Geistes.

*Sie haben gesagt, der wahre Geist wähle nichts aus, aber im täglichen Leben ist man andauernd genötigt eine Wahl zu treffen. Wie kann man diese beiden Dinge miteinander vereinbaren?*

Das ist genauso, als wollte man physische und metaphysische Probleme miteinander vermengen.

Auf der Suche nach dem spirituellen Weg dürfen Sie nicht wählen, im täglichen Leben müssen Sie es.

Geht es darum, den spirituellen Weg zu suchen, die Wahrheit zu erfassen, so gibt es keine Wahl. Im täglichen Leben hingegen ist der Geist, in dem man wählt, wichtig. Entscheidungen zu sehr anzuhaften, engherzige Entscheidungen zu treffen, ist schlecht.

Man soll wählen und dabei in seiner Wahl frei bleiben.

Ich wähle meine Schüler nicht aus – manche bleiben, andere gehen wieder. Mein Geist bleibt friedlich, er trifft keine Wahl.

Das Karma bringt Ihre Entscheidungen hervor, aber die kosmische Ordnung ist nicht festgelegt! Manchmal bringt ein Unglück Glück hervor, manchmal führt ein Glücksfall ins Unglück. Der Geist bleibt derselbe, ruhig und friedlich. Das ist Satori.

Im praktischen Leben braucht man Weisheit. Das, was man zu sehr erstrebt, kann man nicht bekommen, denn der Geist haftet zu sehr an dem Wunsch. Und der Mensch leidet darunter oder wird verrückt. Alles fällt dem zu, dessen Geist friedlich ist und voller Weisheit.

Weisheit, das heißt zu lernen, nicht mehr unter einem Misserfolg zu leiden, heißt, seine Wünsche reduzieren. Es ist die Rückkehr zum normalen Zustand.

*Was muss man tun, um Zazen im täglichen Leben zu verwirklichen?*

Sie müssen sich auf die Vorgänge des täglichen Lebens konzentrieren. Wenn Sie mit Ihrer Frau im Bett sind, dann konzentrieren Sie sich auf sie. Wenn Sie in diesem Augenblick an Zazen denken, dann ist das schlecht. Stellen Sie Harmonie her mit Ihrer Familie. Sie wird Ihnen folgen und mit Ihnen in Einklang leben!

Wenn Sie merken, dass Sie wütend werden, wenn Sie sich von Ihren Leidenschaften forttragen lassen, dann atmen Sie tief aus – wie beim Zazen. Das wird sich als sehr wirksam erweisen.

*Man sagt, die Aufmerksamkeit auf Körperhaltung und Atmung sei das Satori. Kann man diese Konzentration im täglichen Leben erreichen?*

Wenn man seine Achtsamkeit im täglichen Leben praktiziert, kann man konzentriert bleiben. Das ist genauso, als wenn man Zazen praktiziert: auf die Toilette gehen, essen, arbeiten.

Wenn Sie sich durch Zazen daran gewöhnen konzentriert zu sein, dann werden Sie diesen konzentrierten Geist in all Ihren Handlungen verwirklichen können, unbewusst, natürlich, automatisch. Gewiss, anfangs ist Willenskraft schon notwendig. Aber durch Willenskraft allein kann Konzentration schwerlich erzielt werden, denn man muss immerzu daran denken. Wenn Sie Zazen praktizieren, gewöhnen Sie sich daran konzentriert zu sein und werden es dann in jeder Hinsicht. Und wenn Sie fortfahren Zazen zu praktizieren, werden Sie konzentriert sein, ohne dass dies durch Ihren Willen beeinflusst wäre.

*Wie kann ein bewusstes Bemühen im täglichen Leben ein natürliches, automatisches Ergebnis hervorbringen?*

Geist und Körper sind nicht getrennt. Wenn Sie aufmerksam sein müssen, dann konzentriert sich der Körper und ebenso das Bewusstsein. Beide tun dies zur selben Zeit. Wenn Sie sich auf den Geist konzentrieren, verändert sich auch der Körper. Wenn der Körper nicht konzentriert ist, wird er schlaff, ebenso wie die Geisteshaltung. Wenn der Körper sich konzentriert, konzentriert der Geist sich ebenfalls. Es gibt nicht nur die eine Seite.

Wenn Sie beim Zazen an die Haltung denken, bleiben Sie konzentriert, und ich sehe Ihre Konzentration. Wenn Sie indessen zu stark konzentriert sind, ist das gleichfalls schlecht.

Im täglichen Leben ist es dasselbe: Ob Sie essen, spazieren gehen, auf die Toilette gehen – in allen Situationen des Lebens lässt der Geist ebenfalls nach, wenn die Haltung schlecht ist. Und umgekehrt.

*Wir leben in einer Welt der Furcht. Wie können wir die Furcht ablegen?*

Es gibt viele Arten der Furcht. Zum Beispiel die, durch ein Examen zu fallen; man sollte sich mit diesem Gedanken nicht befassen. Es ist besser, die Vorstellung, das Examen zu bestehen, aufzugeben, dann werden Sie keine Angst mehr haben. Man haftet zu sehr an seinem Ego, daher hat man Angst. Furcht und Angst sind mit dem Anhaften verbunden.

Es ist besser, die Furcht zu fliehen. Man muss sich hier und jetzt konzentrieren. Die Furcht ist die Folge des Zweifels, der inneren Unruhe. Kümmern Sie sich nicht zu sehr um die Gefahr, und begeben Sie sich nicht in Gefahr. Besser ist es, sie zu fliehen. Das Gegenteil ist dumm. Wir müssen im Inneren unseres Körpers fühlen, ob sich ein Unfall ereignen wird. Wenn es zu laut und unruhig ist, bleibt man besser ruhig an seinem Platz sitzen. Gehen Sie nicht an gefährliche Orte. Für jene, die das Abenteuer lieben, ist das natürlich anders.

In unserem Leben hat Angst keinen Sinn. Aber wenn wir grübeln, denken, zweifeln, werden wir noch mehr Angst haben. Konzentrieren Sie sich auf die Ausatmung. Dann nimmt das Gehirn wieder seinen normalen Zustand an. Sie dürfen nicht egoistisch sein. Wenn Sie Ihr Ego aufgeben, haben Sie keine Angst mehr. Wenn Sie immer gerecht sind, sind Sie stark. Aber halten Sie sich weder in der Nähe des Dämons auf noch in der Nähe der Gefahr.

*Ich würde gern wissen, wie Sie über die Makrobiotik denken.*

Es handelt sich dabei um eine Diät, die hauptsächlich für Kranke bestimmt ist. Es handelt sich um eine therapeutische Technik, nicht um Philosophie oder Religion.

Auch ich werde meiner Gesundheit wegen manchmal zum Makrobiotiker. Aber speziell für junge Leute ist das nicht notwendig. Wenn Sie von Kind an wie eine Taube essen, wird Ihr Magen zu schwach. Gelegentlich Fleisch und Alkohol zu sich zu nehmen, ist notwendig. Aber wenn Sie davon zu viel essen und trinken, wird die Makrobiotik nötig.

Aber das ist nicht Zen. Zazen ist die wahre, tiefe Religion. Wenn Sie Zazen praktizieren, können Sie begreifen, was in Ihrem Körper vor sich geht, und die Diät wählen, die Sie brauchen. Durch Zazen können Sie verstehen und dann kontrollieren.

Die Leute, die makrobiotisch leben, neigen dazu, sich zu sehr den Problemen des Körpers, der Auswahl der Nahrungsmittel zuzuwenden und werden am Ende krank. Wenn man sich zu sehr mit seiner Gesundheit beschäftigt, dann führt das zum Egoismus. Es ist wichtig, auf die Gesundheit zu achten. Wenn man sich aber zu sehr damit beschäftigt, dann schwächt das den Geist. Ich kenne viele Anhänger der Makrobiotik, ihnen fehlt das Mitgefühl, sie sind egoistisch. Daher hat der Buddha Śākyamuni die Askese, welche die Harmonie mit der Umwelt zerstört, aufgegeben.

Wenn Sie mit anderen zusammen sind und alles, was man Ihnen anbietet, zurückweisen, können Sie mit ihnen nicht harmonisch zusammen sein. Ich lege keinen Wert darauf Fleisch zu essen, aber wenn man es mir anbietet, muss ich es annehmen. Es ist außerordentlich wichtig, in Harmonie mit der Umwelt zu leben.

Ich bin Mönch, also soll ich die Menschen erziehen, ihnen sagen, was sie zu tun haben; es ist die Pflicht des Mönchs, die Ordensregel zu beachten, aber das ist nur eine Seite der Sache. Aus diesem Grund betrachte ich jeden genau und ist meine Unterweisung für jeden anders. Denen, die einen engen Geist haben, sage ich: «Sie müssen Whisky trinken!», oder: «Nehmen Sie sich einen Liebhaber!», einem anderen würde ich sagen: «Hören Sie mit dem Alkohol auf!», oder: «Schicken Sie Ihren Liebhaber fort!»

*Fastet man im Zen?*

Ja, aber für gesunde Leute ist das nicht nötig. Es reinigt den Körper, das ist manchmal nützlich. Es ist gut, einmal im Jahr oder einmal im Monat zu fasten. Ich habe es in meiner Jugend getan. Es ist gleichfalls gut, manchmal nur weniger zu essen, das ist leichter als Fasten.

Man sollte von der Frage, was man isst und trinkt und was man nicht isst oder trinkt, nicht besessen sein. Für junge Menschen ist es schwer, maßzuhalten, und man sollte keine Diät zu lange fortführen.

Man sollte alles essen, dann wird der Geist weit und großzügig. Aber zugleich soll man sich kontrollieren, von allem nur ein wenig zu nehmen und nichts im Übermaß.

*Wie denken Sie über die Kindererziehung?*

Eine wichtige und schwierige Frage. Es ist wie mit einem Papierdrachen: Manchmal muss man ziehen, manchmal Leine nachgeben. Zieht man zu stark, fällt er herunter, zieht man nicht genug, fällt er ebenfalls.

Die modernen Kinder sind verzogen und verweichlicht. Man muss sowohl Strenge als auch Güte im Griff haben, Ausgewogenheit finden. Wenn die Mutter diese Kraft hat, wird auch das Kind sie haben. Die Erziehung durch die Mutter ist wichtig. Wenn sie Fehler macht, begeht auch das Kind Fehler. Auch Aufrichtigkeit ist wichtig. Das Kind soll in den Geist der Mutter hineinsehen können. Wenn sie etwas falsch gemacht hat, soll sie sich beim Kind entschuldigen.

## Zen und das Christentum

*Welche großen Unterschiede bestehen zwischen Christentum und Buddhismus?*

Wenn man an Unterschiede denkt, dann gibt es sie. Wenn man denkt, es gibt keine, dann gibt es keine. Der Ursprung der Religionen ist derselbe, aber man will immer Kategorien bilden.

Wenn Sie beides von außen betrachten, unterscheiden sie sich völlig. Aber in ihrem tiefen Sinn finde ich keine Unterschiede. Es bestehen wechselseitige Beziehungen. Der Buddhismus hat christliche Theologen stark beeinflusst, und umgekehrt gibt es Geistliche, die den Buddhismus beeinflusst haben. Der beiderseitige Einfluss war sehr tief. Im Wesentlichen läuft es auf eine einzige und selbe Religion hinaus.

Pater Lassalle hält niemals Vorträge über das Christentum. Er spricht immer über Zen. Viele Christen tun das, ihre Vorträge handeln von Zen und nicht mehr vom Christentum. Manchmal handeln meine Vorträge vom Christentum, manchmal vergesse ich Buddha und spreche nur über Gott und Christus. Einige Denker haben die Ansicht vertreten, Buddhismus, Christentum, Islam, Judentum und Daoismus gingen auf fünf große Initiierte zurück. Man muss also die Wurzeln kennen. Zen bedeutet, die Wurzeln aller Religionen verstehen zu wollen. Der Rest ist nur Schmuckwerk.

*Zen ist reine Erfahrung und kann mit dem Buddhismus nicht einfach gleichgesetzt werden, wenngleich es sich in diesem Rahmen entwickelt hat. Bisher hat die Philosophie, die versucht hat, etwas davon auszudrücken (denn man muss wohl ein wenig reden – selbst wenn dies nicht anzustreben ist), dies in einem buddhistischen Kontext getan. Meinen Sie, dass Christen, wenn sie Zen praktizieren, sich eines Tages hierüber in einer Form äußern könnten, die philosophisch wesentlich von der buddhistischen abwiche, zum Beispiel in Punkten wie der Deutung der Beziehung zwischen einem Schöpfergott und dem Wesen der Dinge?*

Zen ist keine Philosophie, keine Psychologie, keine Lehrmeinung. Es ist jenseits der Philosophien, Konzepte und Formen. Das Wesen des Zen kann nicht mit Worten ausgedrückt werden. Sicher, es gibt den Zen-Buddhismus, der mit seinen Richtungen, Riten und Regeln einen traditionellen Rahmen bietet. Und es gibt das Zen, das allen offen ist durch das, was es an Universalität des Bewusstseins und der Meditationspraxis, durch die vollkommene Haltung verkörpert; Zen ist aber auch das Mittel, die Bewusstheit durch eine Kunst des Hier und Jetzt zu entwickeln, in der Vollkommenheit des Augenblicks. Es ist das Mittel, alle Energien in uns zu befreien und beherrschen zu lernen und hierdurch vollständig an der Schöpfung teilzunehmen, die sich durch uns und durch uns hindurch täglich vollzieht. Die Philosophie kommt erst nach der Praxis.

Es ist aber wichtig, Zen im Zusammenhang mit seiner Herkunft zu sehen und es gut zu kennen – von seiner indischen Quelle – über das chinesische *chan* und die Reihe der Meister bis zum heutigen Tag, sonst besteht die Gefahr, dass man nicht das wahre Zen verbreitet, sondern irgendetwas.

Wenn man der Praxis genau folgt, dann ist Zen eine unaufhörliche Schöpfung. Durch eine tiefe Kenntnis des Geistes und Ursprungs können die Europäer ihrerseits ein ursprüngliches Zen hervorbringen, das ihnen entspricht.

*Wie soll man von Gott sprechen?*

In der modernen Zivilisation brauchen die Menschen eine wissenschaftliche Grundlage, um an ein höchstes Wesen glauben zu können. Es gibt zu viele Götter, zu viele Buddhas. Sie machen sich aber nicht klar, was das bedeutet. Bei überzeugten Christen und ebenso bei überzeugten Buddhisten löst das bestimmte Vorstellungen aus. Aber im Buddhismus gibt man diese Vorstellung einer Vereinigung mit Buddha schließlich auf und spricht von *kū*, der Leerheit. Das ist wissenschaftlicher.

In Europa scheinen meine Vorträge leicht verständlich zu sein, denn Gott, das ist das Absolute. Aber in Japan, im Fernen Osten, gibt es zu viele buddhistische Sekten, zu viele Religionen. Das macht alles kompliziert, denn so gibt es viele Kategorien.

Wenn jemand stirbt, sagt man in Japan, dass er ein Buddha wird, und daher löst das Wort Buddha die Vorstellung des Todes aus. Daher können die jungen Leute die Buddhalehre nicht verstehen.

*Wodurch unterscheiden sich das Leiden Christi und das Mitgefühl, das Mitleid Buddhas?*

Christus hat sich den Herrschenden seiner Zeit widersetzt. Ein wahrhaft religiöser Mensch soll sich einer schlechten Politik widersetzen. Er opfert sich für die Menschen. Wenn Christus nicht gekreuzigt worden wäre, hätte das Christentum sich nicht entwickelt. Daher ist das Kreuz sehr wichtig. Die Apostel haben in der Folge seine Lehre verbreitet und institutionalisiert. Sie haben den Geist des Mitgefühls mit seinem grausamen Tod entwickelt. Der Tod Christi hat ihrer Mission die Kraft gegeben. Für Christus wie für Buddha ist die universelle Liebe wichtig. Mitgefühl bedeutet Liebe und bedeutet, dass man den Geist des anderen versteht: Wenn ein Mensch leidet, muss man für ihn Mit-Leid empfinden. (Die meisten Menschen sind neidisch, das ist die Kehrseite des Mitgefühls.) Wenn jemand glücklich ist oder Erfolg hat, sind wir mit ihm glücklich, wenn er traurig ist, sind wir dies auch.

Leiden und Mitleiden sind ursprünglich nicht verschieden. Buddha war alt, er empfand Mitgefühl, Christus war jung und erfuhr die Passion. Christus hatte weniger Lebenserfahrung, das ist der einzige Unterschied. Wenn man die Bibel liest, findet man sie sehr moralisch. Liest man die Sūtren, finden die jungen Leute darin zahlreiche Widersprüche, denn sie beziehen vieles ein, rechts und links. Christus, das ist die Schönheit, die Reinheit, die Emotion. Die moralische Seite ist im Christentum sehr ausgeprägt und sehr streng. Im Buddhismus ist sie es auch, aber letzten Endes werden die Illusionen Satori. Die starken Begierden sind wie ein großes Stück Eis, das viel Wasser ergibt, wenn es schmilzt. Große Bonnō [Illusionen] ergeben große Satori. Wenn die Begierden groß sind, entsteht eine sehr breit angelegte Persönlichkeit, die auch Widersprüche einbeziehen kann. Buddha hat zahlreiche Erfahrungen gemacht: das Leben im Palast, zahlreiche Frauen, dann sechs Jahre der Kasteiungen. Am Ende war er halb tot. Unter dem Bodhibaum wurde er von allen Arten innerer Dämonen bedrängt. Als er nur noch aus Haut und Knochen bestand, pflegte Sujyata ihn täglich und gab ihm Milch.

Buddha fand dank dieser Frau nach und nach den Geschmack am wahren Leben wieder, sein Körper erlangte wieder seinen normalen Zustand und sein Geist ebenso: Satori. Das Gleichgewicht ist wichtig. Zu viel Vergnügen oder zu viel Askese sind nicht gut. Nachdem er das wahre Leben und die wahre Freiheit empfunden hatte, schuf er die Buddhalehre, die den damals zu asketischen und moralisierenden traditionellen Religionen zuwiderlief. Danach erst sind die kai entstanden, die Ordensregeln, und als das Hīnayāna zu formalistisch wurde, hat das Mahāyāna eine neue Weisheit hervorgebracht, bis er seinerseits zu traditionalistisch wurde. Die Religionen müssen immer lebendig bleiben und dürfen keine Kategorien hervorbringen, die den Geist eng und kompliziert machen. Religion ist nicht Wissenschaft. Sie braucht keine Kategorien.

*Paulus hat gesagt: «Alle Schöpfung leidet und wartet auf die Erlösung.» Was bedeutet dies vom Standpunkt des Mitgefühls aus?*

Im tibetischen Buddhismus ist immer vom Mitgefühl die Rede, aber Weisheit ist ebenfalls notwendig. Eines kann ohne das andere nicht echt sein. Man muss sich des Mitgefühls mit Weisheit bedienen können.

Das Mitgefühl des Vaters und der Mutter ist für die Erziehung eines Kindes wichtig. Weisheit erlaubt es, Strenge, Milde und Zärtlichkeit maßvoll anzuwenden. Ich zitiere immer das Beispiel vom Papierdrachen: damit er gut fliegt, darf man weder zu sehr an ihm ziehen noch ihn zu sehr loslassen. Das Gleichgewicht ist sehr wichtig.

Das Mitgefühl Buddhas wendet sich allen Menschen zu, ohne Reiche oder Arme zu unterscheiden. Es handelt sich nicht darum, politische Probleme zu lösen oder die Kriege abzuschaffen. Die Religion rettet die Menschen auf einer höheren Ebene: Das Problem ist, den Geist des Menschen zu ändern. Es handelt sich um keine politische Revolution, vielmehr um eine Umwälzung im Geist des Menschen. Wenn die Menschen sich innerlich nicht ändern, kann sich nichts ändern. Die Krise unserer Zivilisation kommt daher, dass die meisten Menschen einen anormalen Geist haben. Wenn der Geist sich ändert, ändert sich die Zivilisation. Man könnte auf diese Weise auch das Problem der Ölkrise lösen ... wenn man Sesshin veranstalten würde, anstatt fernzusehen! Durch Ihr Verhalten beeinflussen Sie das der anderen.

*Im Eiheiji, wo ich im vergangenen Jahr war, hat mir ein Zenmönch nach einem langen Gespräch diese Antwort gegeben: «Im Zen kann man, wenn man das Satori hat, sagen: Ich bin Gott.» Kann man diese erstaunliche Erklärung deuten und sie mit der des Heiligen Paulus vergleichen, der sagt: «Nicht mehr ich lebe, sondern es ist Christus, der in mir lebt»?*

Zazen ist dasselbe wie Gott oder Buddha. Dōgen, der die wahre Lehre überliefert bekommen hatte, sagte: «Zazen selbst ist Gott.» Hierdurch wollte er ausdrücken, dass Sie sich beim Zazen in Harmonie mit dem Kosmos befinden.

*Im Hishiryō-Bewusstsein ist alles angehalten. Das ist das Satori-Bewusstsein. Das Ich ist abgeschnitten und aufgelöst. Das ist das Gottes-Bewusstsein. Das ist Gott.*

Die Leute glauben an einen persönlichen Gott. Wir sind aber nicht von Gott getrennt. Es gibt keine Dualität zwischen Gott, Buddha und uns. Wenn ich sage: «Ich bin Gott oder Buddha», so bedeutet das, dass ich ein wenig verrückt bin. Mushotoku ist wichtig. Wenn man bewusst an Gott oder Buddha denkt, ist das nicht gut. Wenn ich Ihnen während des Zazen sage: «Sie sind Gott oder Buddha», dann ist das völlig anders, als wenn Sie das selbst sagen, indem Sie von sich selbst sprechen. Man darf im Zen kein Ziel haben.

*Im Hishiryō-Zustand bleibt das persönliche Selbst, auch wenn es erleuchtet ist, immer erhalten. Meister Eckehart hat gesagt: «Wenn ihr leer werdet, tritt Gott in euch ein.»*

Im Zen tritt das Ego ein in Gott.
Gott tritt ein in das Ego.
Beides ist nötig.

*Ich glaube wohl, dass die Zen-Meditation eine tiefere Bewusstwerdung seiner selbst ermöglicht – über den Körper selbst, eine geeignete Haltung, über eine Körper-Wahrnehmung, die das Bewusstsein verleiht, dem Kosmos anzugehören. Aber das ist für mich kein kosmisches Bewusstsein. Es ist das Bewusstsein, durch meinen Körper am Kosmos teilzuhaben. Ich glaube nicht, dass der Kosmos ein eigenes Bewusstsein hat.*

Bewusst kann man das nicht wahrnehmen. Daher wenden die Meister Parabeln, Gedichte oder Bilder an. Vom Standpunkt der chinesischen Philosophie aus haben ich selbst und die Erde dieselbe Wurzel. Wenn man in unserer Zeit immerzu «Gott, Gott, Gott …» sagt, verstehen die Menschen nicht, wovon man spricht und vermögen nicht zu glauben. Genauso ist es im Buddhismus mit Buddha. Aber wo ist Gott? Wir können ihn nicht sehen. Mit der kosmischen Ordnung, mit dem kosmischen Bewusstsein können wir verstehen. Es existiert physisch, es ist Energie. Selbst die Wissenschaft interessiert sich heute dafür, was die Energie des Kosmos ist.

Wir müssen diese Energie durch Atmung, Nahrung, durch unsere Haut aufnehmen. Aber es gibt nicht nur dies. Wir haben auch ein persönliches Bewusstsein. Auch das Bewusstsein empfängt die Energie des Kosmos.

Physiologen haben das untersucht und bestätigt. Aber wenn unser persönliches Bewusstsein, unser Ego, zu stark ist, empfängt man sie schlecht. Daher muss man dieses persönliche Bewusstsein aufgeben, um Gott zu empfangen. Wenn wir uns durch Konzentration verinnerlichen, sind wir aufnahmefähig. Durch Zazen, während eines Sesshin, reinigt sich das persönliche Bewusstsein, und die Neuronen werden ruhig. Man kann dann die kosmische Energie vollständig empfangen.

*Ich meine auch, dass das Bewusstsein sich von allen gewöhnlichen Eindrücken entleert, von allen Ereignissen, die uns auffallen und uns beeindrucken, um einen tieferen Bewusstseinszustand zu erreichen, dessen Inhalt es wäre, etwas anzugehören, was größer ist als man selbst: der kosmischen Ordnung.*

Wenn man eine solche Leere verwirklicht hat, empfängt man die kosmische Energie leicht, denn wir leben nicht nur aus eigener Kraft. Die kosmische Ordnung leitet uns. Unser autonomes Nervensystem zum Beispiel funktioniert unabhängig von unserem Willen. Es wird vom kosmischen Leben gesteuert. In der Religion sagt man: «Gott lenkt.» Wir sind nicht allein. Unser Leben wird von Gott gelenkt, von Buddha, von der Manifestation der Energie.

*Vielleicht ist der Begriff «kosmisches Bewusstsein» für mein Zögern ursächlich. Teilhard de Chardin spricht von einem «kosmischen Sinn»; wenn wir in uns selbst herabsteigen, haben wir den Eindruck, dem Kosmos anzugehören. Läuft dies nicht darauf hinaus, dem Kosmos selbst ein Bewusstsein beizumessen?*

Bewusstsein und Leben stehen in Übereinstimmung. Die japanischen Ärzte sagen: «Alles hat ein Bewusstsein, alles ist Bewusstsein.» Selbst die Pflanzen haben ein Bewusstsein: Wenn man eine Blume brutal abschneiden will, zieht sie sich zusammen. Die Wissenschaft forscht gegenwärtig in dieser Richtung.

Jede Existenz hat ein Bewusstsein. Alles ist letzten Endes schwer zu erklären. Daher sagt man «Gott». Ich befasse mich derzeit äußerst gründlich damit, denn im Zen muss man für seine Aussagen garantieren können und realistisch sein. Also negiert Zen manchmal sogar den Buddha. Was ist die kosmische Ordnung? Was ist die kosmische Wahrheit? Am Ende sagt man «Gott» oder «Buddha». Das ist der letzte Begriff. Wenn die Leute an Gott oder Buddha glauben, so ist das tiefer. Aber wir sollen keine Kategorien bilden, und ich versuche deshalb, zugleich wissenschaftlich und durch Gedichte zu erklären. Bilden Sie keine Kategorien! Wenn Sie das tun, so ist es nicht der wahre Gott und der wahre Buddha.

Ich sage, dass unser Bewusstsein schneller ist als der Kosmos. Das bedeutet: Gott reicht über den Kosmos hinaus.

[Dieses Mondō, das im Dominikanerkloster von l'Arbresle geführt wurde, bot Gelegenheit zu einem Dialog zwischen Dominikanermönchen und Meister Deshimaru.]

*Ich möchte eine Frage stellen, welche das Erlöschen des Egos betrifft. Es gibt einen Aspekt des Egos, den ich leicht verstehe, das ist sein instinktiver Aspekt, sein Abwehrreflex – das Ego verweigert sich jeder Berichtigung. Es gibt aber etwas, was mir schwer verständlich erscheint: Es handelt sich, wie man im Zen sagt, um ein vollständiges Überschreiten jeder Art von Ego.*

Das Ego aufzugeben ist sehr schwierig. Ich habe nicht gesagt, dass es vollständig verschwände. Man mag in seinem Bewusstsein oder in seinem Geist glauben, dass man das Ego aufgibt, aber der Körper folgt nicht immer. Zen erleichtert es aber durch die körperliche Praxis, das Ego aufzugeben. Während des Zazen leidet man, aber wenn man sich trotz des Schmerzes gedulden und seinen Schmerz auf die Ebene des Bewusstseins ablegen kann, entsteht durch die Wiederholung dessen eine unbewusste Routine beim Aufgeben des Egos. Es ist sehr leicht, das Ego in Gedanken aufzugeben, aber es «hier und jetzt» aufzugeben, ist sehr schwer. Durch die Wiederholung des Zazen trainiert man seinen Körper und gibt das Ego unbewusst auf. Das ist die Zenerziehung.

*Kann man das Ego vollständig aufgeben? Ist das nicht nur ein Ideal?*

Es ist tatsächlich sehr schwierig. Aber was ist im Grunde das Ego? Wir haben keine bleibende Substanz, unser Ego hat kein Numen.

*Könnte man dieses Aufgeben des Egos nicht in einer Handlung wie andere Handlungen ausdrücken – wie arbeiten, jemanden grüßen, Geld verdienen? Es wäre eine Handlung, die äußerst hochstehend wäre, aber dennoch eine Handlung.*

In den täglichen Verrichtungen ist dieses Aufgeben des Egos nicht wichtig. Wie aber kann man das Ego im letzten Augenblick seines Lebens aufgeben? Im Buddhismus ist der Begriff des Opfers nicht derart wichtig. Wenn wir sterben müssen, müssen wir sterben.

*Können wir unserem Tod nicht einen Sinn verleihen?*

Der Tod, das ist das Ende. Wenn man sterben muss, stirbt man. Das «Hier und Jetzt» ist wichtig. Wenn jemand das Gewehr auf mich anlegt, dann findet mein Tod «hier und jetzt» statt, ohne Furcht. Wenn jemand Krebs hat, ist es dasselbe. Man kann sich sagen: «Ich muss sterben.» Wichtig ist aber die «Entscheidung» zu sterben.

*Hat diese Entscheidung einen Sinn?*

Sie hat keinen Sinn. Man sollte hier keine gleich wie geartete Bedeutung unterstellen, man soll sterben, das ist alles. Man soll sich im Augenblick des Todes nicht fragen: «Wie soll ich sterben?» In einem Duell auf Säbel sagt man sich nicht: «Ich will nicht sterben! Und wenn ich verliere, was dann?» Im Kampf handeln Körper und Geist zusammen und akzeptieren den Tod. Um weiterzuleben.

Das Ego allein durch Denken aufzugeben, ist sehr schwierig. Durch das Training des Körpers beim Zazen lernen wir den Körper aufzugeben, und unsere Ängste verschwinden. Durch das Denken ist das schwierig, das Denken ist egoistisch. Wenn man den Körper aufgegeben hat, wird der Tod leicht. Wenn wir sterben müssen, sterben wir, ohne etwas zu tun, ohne irgendetwas. Aber wenn der Augenblick des Todes noch nicht gekommen ist, dann muss man nicht sterben, dann muss man sich retten. Das ist sehr klar. Aber ich verstehe, was Sie mir sagen wollten.

*Das Problem ist nicht, den Tod zu akzeptieren, sondern zu wissen, ob man ihn «hier und jetzt» akzeptiert.*

Man kann geistig akzeptieren, dass man sterben muss, aber der Körper muss diese Entscheidung gleichfalls treffen. Es ist unmöglich, mit dem Gehirn oder durch das Denken zu sterben.

*Ist nur die Entscheidung des Körpers gültig, und warum nicht die des Gedankens?*

Für den Geist ist es schwierig, über den Tod zu entscheiden. Selbst ein großer Meister, der sagt: «Jetzt will ich sterben», möchte in seinem Innersten nicht sterben. Selbst Christus hat, als er sein Ende kommen fühlte, gewünscht, nicht zu sterben. Daher muss man den Körper aufgeben, aber trotzdem bleibt immer ein schwacher Gedanke der Verweigerung erhalten.

In den traditionellen Religionen ist immer von einem Paradies die Rede oder von einem anderen Leben nach dem Tod. Das ist eine Methode, die Menschen auf den Tod vorzubereiten.

Entweder man denkt an den Tod mit der Hoffnung auf ein künftiges Leben im Jenseits, oder man lebt, wenn man daran nicht glaubt, in der Furcht vor dem Augenblick, wo man in den Sarg kommt. Aber wenn ich «hier und jetzt» sterben muss, wenn mein Körper den Tod annimmt, bleibt das Bewusstsein ruhig. Wenn man vor dem Sterben an seinen Körper denkt, ist das Sterben schwer. Denn nicht auch der Körper «entscheidet» zu sterben. Der Körper ist Materie, das ist nicht das wahre Ich. Das Bewusstsein ist gleichfalls nicht das wahre Ich, es verändert sich ständig. Wir müssen unser Numen verstehen. Wir müssen verstehen, dass wir kein Numen haben und dass nichts wichtig ist. Wenn man das versteht, dann ist es nicht nötig, sein Ego aufgeben zu wollen. Welches Ego versteht das? Es existiert, es ist Buddha, Gott, die höchste Wahrheit.

*Wie ist Buddha gestorben?*

Buddha ist mit 80 Jahren gestorben, nachdem er Wildschweinfleisch gegessen hatte. Als er starb, war er friedlich und ohne Angst. Wenn man sterben muss, stirbt man, man kehrt in den Kosmos zurück. Wenn unsere Tätigkeit zu Ende geht, wenn unser Leben beendet ist, dann muss man sterben. Man muss verstehen: «Jetzt und hier muss ich sterben.»

*Wer versteht?*

Das wahre Ego versteht. Es entscheidet. Sokrates sagte: «Erkenne dich selbst.» Dies ist das wesentliche Problem jedes hochstehenden spirituellen Denkens. Die höchste Philosophie ist die von *kū*, der Existenz ohne bleibende Substanz. Das Ego hat keine bleibende Substanz. Das Bewusstsein verändert sich ohne Unterlass und ist ohne Numen. In der Materie gibt es nach den Atomen, den Neutronen nichts mehr. In unserem Körper gibt es letzten Endes ebenfalls nichts, kein Numen. Das wahre Ego kann das begreifen. Schritt für Schritt erscheint dieses Ego durch Zazen, durch die Unbeweglichkeit, das Nichtdenken. Es ist, als betrachte man sich in einem Spiegel. Tatsächlich ist das nicht das Ego, vielleicht ist es das, was man im Christentum Gott nennt. Aber im Zen nennt man es das wahre Ego, das absolute Ego. Dieses Ego hat kein Numen. Nur es versteht. Irgendetwas muss verstehen, und das einzige Wesen, das verstehen könnte, ist Gott oder der Kosmos. Das ist das Ego, das alles aufgegeben hat, das Ego, das mit der Familie gebrochen hat, mit dem Geld, dem Ansehen, der Liebe. Es hat auch den Körper aufgegeben, es ist das Nirvāna.

Was ist das Ego im Christentum? Ich spreche viel vom Tod, weil im Christentum Jesus sein Leben freiwillig geopfert hat, als eine Tat. Wie hat Gott in sich selbst die Entscheidung getroffen zu sterben?

*Jesus hat unter den Menschen einen Kampf geführt. Seine Feinde haben seinen Tod gewollt; er hat diesen Tod freiwillig angenommen, statt seine Sendung zu verraten. Er hat aus seinem Tod seine Sendung gemacht, das heißt, er hat die Menschen Liebe und Selbsthingabe gelehrt.*

Christus hat so sterben können. Aber können die anderen Menschen dasselbe tun? Was meinen Sie, wie die Menschen dem Tod entgegentreten sollten? Mit Christus hat es eine eigene Bewandtnis: Er hat sich zu sterben entschlossen, um die Menschheit zu retten. Aber was für eine Entscheidung sollen die Menschen treffen?

*Im christlichen Leben sind die Menschen aufgerufen, die Art, wie Christus gestorben ist, nachzuvollziehen.*

Mit dem Ziel, den anderen zu helfen? Wie könnte denn jeder Einzelne im Augenblick seines Todes «entscheiden»?

*Es ist nicht nötig, sein Leben aus Menschenliebe hinzugeben. Es gibt viel einfachere Taten, wie zum Beispiel seinem Nächsten zu helfen, Taten, die für jeden augenblicklich nachvollziehbar sind.*

Die Rolle der Religion ist es, den Menschen zu helfen, sich dem Augenblick des Todes zu stellen. In jenem letzten Augenblick ist die Haltung des Körpers und des Geistes sehr wichtig. Wie soll sie sein? Den Tod unbewusst annehmen. Der Mensch, der das verwirklicht, erlangt eine bis zum letzten Augenblick anhaltende Heiterkeit. Genau dies ist das Ziel der Zenerziehung.

*Wenn ich Zen richtig verstehe, so scheint es mir, dass es dem ganzen Wesen – mehr noch als dem Körper allein – helfen kann, diese Entscheidung zu treffen. Das Ziel des Christentums ist es, sein Leben Gott zu geben, um die anderen zu retten.*

Man sagt, dass wir uns nach dem Tod mit Buddha vereinigen, sodass wir, wenn unser Leben beispielhaft war, ins Paradies kämen. Dies kann eine Methode sein, anderen zu helfen. Früher glaubte ich, dass es so wäre. Jetzt glaube ich noch ein wenig daran, vielleicht ... Es ist sehr schwierig, sich zu entscheiden.

*Für Gott oder für die Menschen zu sterben, ist aber etwas völlig anderes als zu sterben, um ins Paradies zu gelangen.*

In Japan gibt es den Amida-Buddhismus. Meine Mutter gehörte ihm an und hat mich mit diesen Lehren erzogen: dass es jenseits des Todes ein Paradies gäbe. Jetzt glaube ich nicht daran, aber vielleicht werde ich im Augenblick des Todes von Neuem daran denken ...

Manche Meister sind vor ihrem Tod aufgestanden und haben die Zazenhaltung eingenommen, einige sind sogar aufrecht gestorben. Das ist eine gute Methode, seine Schüler vor dem Sterben zu belehren. Aber vielleicht werden im Augenblick des Sterbens meine letzten Worte an meine Schüler sein: «Ich will nicht sterben.» Im Angesicht des Todes wüsste ich nicht zu sagen, welches die bessere Haltung wäre. Das ist ein großes Kōan. Nach dem Tod ist alles vorbei, es gibt nichts mehr. Bis zum Tod hat jeder ein Bewusstsein, und dieses Bewusstsein lebt ewig weiter. Aber welchen Bewusstseinszustand sollten wir im Augenblick des Todes haben? Während des Krieges habe ich eine Erfahrung gemacht, die am Rand des Todes spielte. Ich musste auf einem mit Dynamit beladenen Schiff von Japan nach Indonesien reisen. Auf dem Schiff habe ich Zazen praktiziert, und während die Bomben fielen, dachte ich: «Jetzt werde ich sterben.» Wenn man seinen Körper aufgibt, wird der Tod für das Bewusstsein leichter. Ich sagte mir: «Was wird nach dem Tod aus mir werden?» Ich dachte an meine Familie, und in diesem Augenblick ist es sehr schwierig, den eigenen Tod zu «beschließen». Allein wäre mir dies vielleicht möglich gewesen, aber während ich an meine Eltern oder an meine Familie dachte, wollte ich nicht sterben. Nach diesen unruhigen Gedanken kam die Ruhe: «Jetzt und hier sterbe ich.» Wenn man diesen Zustand psychisch erfahren hat, kennt man die Heiterkeit vor dem Tod.

Das ist ein wichtiges Problem, über das man tagelang diskutieren könnte. Dies ist auch der Wesenskern der Religionen. Nach dieser Erfahrung beschloss ich, Mönch zu werden. Meine Familie ist wichtig für mich, aber wenn ich ihr helfen soll, muss ich auch den anderen helfen. Wie kann man den anderen helfen, diesen Augenblick des Todes zu durchleben?

Der Mensch hat Furcht vor dem Tod. Er läuft immer irgendwelchen Dingen nach, Geld, Anerkennung, Vergnügen. Aber wenn Sie jetzt sterben müssten, was würden Sie sich wünschen?

Können die Religionen uns in unserer Zeit die Antwort geben?

*Ich glaube, dass mich an Christus nicht sein Tod ergreift, sondern dass er auferstanden ist.*

Das ist Ihr Glaube. Manche glauben aber nicht daran. Und wie kann man denen helfen, die nicht glauben? Das ist ein großes Problem.

*Nehmen wir einmal an, ein Buddhist stellte sich hinsichtlich seines Todes keine Fragen mehr, welchen Sinn hätte dann sein Leben?*

Nur die großen Meister haben keine Furcht. Wenn sie sterben müssen, sterben sie. Ihr Leben ist den anderen geweiht.

*Die Christen leben auch, um anderen zu helfen.*

Aber was bedeutet es, den anderen zu helfen? Heißt das, sich zu lieben, oder Geld zu verschenken? Die größte Hilfe ist, den Menschen den spirituellen Frieden zu bringen. Mein Meister hat mir diesen unschätzbaren Schatz gegeben, den alle Menschen suchen.

*Ist dies eine Suche für die anderen oder für sich selbst?*

Was heißt helfen? Wobei helfen? Wem helfen? Das ist ein großes Kōan. Wenn man nicht weiß, was helfen bedeutet, wie kann man dann helfen? Hierin liegt das Grundproblem.

# Zenpraxis

## Zazen praktizieren

*Sie sagen doch oft, alles sei Zen. Wozu soll man dann Zazen praktizieren?*

Die meisten Menschen kennen Zen nur durch Bücher, die Kampfkünste, Ikebana oder Chadō (die Teezeremonie). Alle diese Dinge gehören zum Zen, jede Erscheinungsform gehört zum Zen; selbst das Toilettenpapier ist Zen. Aber wenn Sie die Erfahrung des Zazen nicht machen, werden Sie nichts von Zen begreifen. Denn Zazen enthält den Geist des Zen, ohne es gehören die anderen Dinge nicht zum Zen.

Das Wesen der Buddhalehre ist in der Praxis des Zazen enthalten.

Viele Gelehrte halten sehr gebildete und zutreffende Vorträge über Zen, aber ihnen fehlt die Erfahrung des Zazen, denn es sind Professoren und keine Mönche ... Wenn ein Glas mit Wasser gefüllt ist, kann man seine Eigenschaften endlos erörtern: ob es kalt ist oder warm, ob es $H_2O$ ist, ob es Mineralwasser ist oder Sake. Zazen ermöglicht es, sofort zu trinken.

Eines Tages umfasste ein Blinder die Beine eines Elefanten mit seinen Armen und folgerte aus seinem Eindruck, dass er es mit einem trockenen Baum zu tun habe. Vom Gesichtspunkt des Blinden aus war das kein Irrtum, aber es war auch nicht die Wahrheit.

Die Gelehrten bleiben an der Oberfläche der Wirklichkeit und der Essenz. Man kann aber erst dann, wenn man die Essenz des Zen begriffen hat, sagen, dass alles Zen ist.

Sie können intellektuell verstehen, was Konzentration ist, das Hier und Jetzt, die Philosophie von Zeit und Raum, die Absichtslosigkeit und der Nicht-Dualismus. Aber die wahre Essenz ist die Meditation, die darin besteht, sich selbst zu betrachten. Innen.

Ich lehre Sie einzig und allein die Methode, sich selbst zu verstehen, sich die Frage zu beantworten, was das Ego ist.

*Gyōji – beständige Praxis*

Ohne die Praxis des Zazen gibt es kein Zen. Wenn Sie Zazen praktizieren, wird alles in Ihrem Leben Zen, auch das Toilettenpapier. Aber ohne Zazen ist Zen nichts. Ein schöner Tempel, in dem man nicht Zazen praktiziert, ist nur ein Tempel für Touristen, für Zeremonien, ein wahrer Friedhof.

Ohne Zazen sind die Zenbücher ohne Wert.

Aber wenn Sie Zazen praktizieren, selbst ohne Tempel, dann ist dies das wahre Zen, selbst wenn Sie kein Mönch sind, selbst wenn Sie sich im Gefängnis befänden. Zazen ist die rechte Atmung, der rechte Geisteszustand, die rechte Körperhaltung. Zazen bedeutet nicht, die Gedanken anzuhalten, sondern sie vorüberziehen zu lassen, indem man immer wieder auf die Körperhaltung achtet, damit diese nicht erschlafft. Denn wenn man sich auf Atmung und Haltung konzentriert, wird die Haltung des Geistes automatisch richtig, und unbewusst offenbart sich Weisheit.

*Kann man bei der Praxis des Zazen von Fortschritt sprechen?*

Wenn Sie jeden Tag Zazen praktizieren, ist jeder Tag an sich ein Fortschritt. Der Geist ändert sich ständig. Wenn Sie nur einmal Zazen praktizieren, ist schon ein Fortschritt erzielt.

Dieser Fortschritt hat nichts mit den Stufen einer Treppe gemein, wo sich ganz oben das Satori befände. Wenn Sie hier und jetzt Zazen praktizieren, können Sie Buddha gleich werden, Gott gleich werden. Es gibt keine Entwicklungsstufen. Das wahre Zen fällt mit dem Hier und Jetzt jedes Einzelnen zusammen. Wenn Sie wirklich ohne Zielvorstellung und Gewinnstreben sind, *mushotoku*, verwirklichen Sie Buddha oder Gott. Mushotoku ist im täglichen Leben schwer zu praktizieren, aber während des Zazen, wenn man nichts begehrt, wenn man nicht sagt: «Ich muss Satori erlangen, ich muss eine gute Gesundheit erlangen, ich muss Buddha werden, vielleicht bin ich es jetzt», kann man *mushotoku* empfinden.

Heute waren die meisten von Ihnen ruhig. Ich wollte das Kyōsaku holen, aber es war nicht nötig. Ich wollte Ihren Geist nicht stören.

Alle waren *mushotoku*.

Es ist sehr schwer, das Ego aufzugeben, aber wenn Sie Zazen praktizieren, können Sie *mushotoku* werden.

Warum gelten Christus, Buddha, alle Heiligen und Weisen nach wie vor als groß? Weil sie das Ego aufgegeben haben. Jesus und Śākyamuni Buddha waren Menschen, aber sie haben ihr Ego aufgegeben, und in diesem Augenblick sind sie *mushotoku*, sind sie Christus und Buddha geworden.

Das Zazen junger Leute und das der Vierzig-, Fünfzig- oder Sechzigjährigen ist nicht gleich. Das ist aber keine Frage des Fortschritts. Wenn man jung ist, muss man das Leben eines jungen Menschen führen. Ebenso ist die Körperhaltung von Mann und Frau verschieden. Jedes Zazen erweist sich als anders. Sie müssen also Ihr eigenes Zazen finden. Sie müssen Ihre schwachen Stellen finden. Wenn ich die Haltungen korrigiere, sind manche so und manche anders. Wenn ich Sie von hinten betrachte, sehe ich Ihre Haltungsfehler, während Sie selbst Ihre Haltung als sehr angenehm empfinden. Sie müssen sich korrigieren und alle diese schwachen Stellen ausmerzen. Wenn Sie Ihre richtige Körperhaltung finden, werden Sie zu einer eigenständigen, zu einer schönen Haltung gelangen. Jeder muss seine Ursprünglichkeit finden, und so wird jeder schön.

*Was ist Shikantaza und was ist Hishiryō?*

*Shikantaza*? Das bedeutet «nur Sitzen» – sich auf die Handlung des Zazen konzentrieren. Glauben Sie aber nicht, dies bedeute, nicht zu essen, nicht zu schlafen und nicht auf die Toilette zu gehen. Das ist nicht die Bedeutung von *shikantaza*, sondern: Zazen leitet unser Leben, Zazen ist das Zentrum unseres Lebens. Man darf *shikantaza* und die Probleme unseres Bewusstseins nicht miteinander vermengen.

Während des Zazen kann man nicht dauernd aufhören zu denken, das ist nicht möglich. Manchmal denkt man, manchmal beobachtet man. Nur, man tut es unbewusst. Man kann die Konzentration nicht ständig aufrechterhalten. Man betrachtet den Hintern der Frau vor sich oder seine Wahnbilder ... Es ist schwierig, immer konzentriert zu sein. Die Gedanken kommen. Lassen Sie sie vorüberziehen, konzentrieren Sie sich nicht auf persönliche Gedanken. Hishiryō ist der unendliche Gedanke des Gehirns: der kosmische Gedanke; nicht derjenige, der sich auf die kleinen Dinge bezieht, sondern der Gedanke, der den ganzen Kosmos einschließt.

*Würden Sie einem Kranken Zazen als Heilmittel empfehlen?*

Gesund zu werden ist ein Ziel. Daher rate ich niemandem, Zazen zu praktizieren, um dadurch gesund zu werden. Aber wenn Sie daran glauben und helfen wollen, können Sie es empfehlen, Zazen zu praktizieren. Manchmal werde ich es sagen und manchmal nicht. Jeder ist anders. Für jeden bedarf es besonderer Mittel.

Wenn ich will, dass charakterlich feste Leute Zazen praktizieren, sage ich ihnen: «Kommen Sie nicht, essen Sie lieber Schokolade, Zazen ist schwierig, es tut sehr weh.» Dann folgen sie mir. Die traditionelle Regel ist, jemanden drei Mal zurückzuweisen, bevor man ihn eintreten lässt: «Zen ist schwierig, jetzt sind zu viele hier. Warum wollen Sie Zazen praktizieren – um das Satori zu erreichen? Sie sind ja verrückt! Gehen Sie!»

*Manchmal fragt man mich, weshalb ich Zazen praktiziere. Ich weiß dann nicht, was ich antworten soll.*

Für jeden, der fragt, gibt es eine andere Antwort. Als ich meinen Meister Kōdō Sawaki zum ersten Mal fragte, welche positive Wirkung es habe, Zazen zu praktizieren, antwortete er mir: «Keine.» Diese Antwort weckte sogleich mein Interesse. Auf die gleiche Antwort hingegen ist einer meiner Freunde sogleich gegangen. Aber ich war sehr beeindruckt. Was ist die beste Antwort? Zu sagen, dass die Wirkungen des Zen sehr tiefgründig seien? Manchen muss man antworten wie einem Kind: «Wenn Du Zazen übst, wirst Du stark.» Aber wenn Kōdō Sawaki mir diese Antwort über die Kraft oder Gesundheit gegeben hätte, wäre ich nicht derart beeindruckt gewesen, und vielleicht hätte ich Zazen aufgegeben. Aber diese Antwort «nichts» hat mich derart geprägt, dass ich bis heute nicht aufgehört habe Zazen zu praktizieren.

Wie dem auch sei, der Gegenstand des Zazen ist *mushotoku*, Nicht-Gewinn. Aber jeder ist verschieden, und bevor Sie antworten, sollten Sie das Gesicht Ihres Gesprächspartners betrachten.

Die positiven Wirkungen des Zazen sind unendlich.

*Warum ist das Zazen bei Sonnenuntergang wirksamer?*

Es ist wirksamer, Zazen bei Sonnenaufgang und bei Sonnenuntergang zu praktizieren, weil die Körperzellen sich zu diesem Zeitpunkt verändern. Sie verändern sich zwei Mal am Tag. Wenn die Sonne untergeht, tritt Ruhe ein, die Zellen werden ruhig. Wenn die Sonne aufgeht, beleben sich die Zellen wieder. Daher ist es gut, morgens früh aufzustehen. Heutzutage machen viele das Gegenteil: Sie werden erst lebhaft, wenn die Sonne untergeht, und wenn sie aufgeht, schlafen sie ein.

Es ist gut, Zazen bei Sonnenaufgang und Sonnenuntergang zu praktizieren, das führt unseren Zellen Ki zu, Aktivität. Es sind die besten Augenblicke des Tages.

*Was halten Sie von Yoga im Vergleich mit Zen?*

Zazen ist leichter für diejenigen, die bereits Yoga praktiziert haben, aber der Geist des Yoga und des Zen sind völlig verschieden. Yoga folgt der traditionellen indischen Religion, die auf Askese und Kasteiung gegründet war. Buddha hingegen hat all das aufgegeben und sich einzig auf die Körperhaltung konzentriert, die heute Zazen genannt wird. Daher achten die Asiaten nicht nur Buddha, sondern auch seine Haltung. Niemand verneigt sich vor jemand, der auf dem Kopf steht, aber man verneigt sich vor der Zazenhaltung.

*Wie kann man Zazen ganz allein bei sich zu Hause praktizieren?*

Es ist schwer, Zazen allein zu praktizieren, denn die Atmosphäre des Dōjō, die Anwesenheit des Meisters und der Schüler sind eine wertvolle Hilfe bei der Meditation. Mein Meister sagte oft, dass es schwierig für ihn wäre, Zazen zu praktizieren, müsste er es allein und ohne seine Schüler tun. Im Dōjō entsteht ein gewisser Wetteifer, der Sie daran hindert, der ersten Müdigkeit, dem ersten Schmerz zu weichen. Die Furcht vor dem Kyōsaku, die Furcht, den Nachbarn zu stören, spornen Sie an. Der Meister, der ohne Unterlass Ihre Körperhaltung berichtigt, verhindert schlechte Angewohnheiten und schützt Sie davor in Schläfrigkeit zu verfallen. Wenn man Zazen zusammen mit anderen praktiziert, so führt uns das dazu, Zazen jedes Mal so zu praktizieren, als wäre es das erste Mal. Wenn Sie aber aus diesem oder jenem Grund nicht ins Dōjō kommen können, so wählen Sie einen ruhigen Ort, fern von Geräuschen, Telefon und Ihrer Familie, um dort Zazen zu praktizieren. Drängen Sie Ihrer Familie die Meditation nicht auf. Üben Sie Zazen zwanzig bis dreißig Minuten, und konzentrieren Sie sich auf Körperhaltung, Atmung und die Haltung des Geistes. Seien Sie wachsam, denn niemand ist da, um Sie zu korrigieren. Seien Sie weder ungeduldig noch schläfrig. Achten Sie besonders auf Ihr Kinn, stellen Sie sich dem Schmerz. Es ist wichtig, niemals den Kontakt mit der Lehre zu verlieren. Kommen Sie von Zeit zu Zeit ins Dōjō, damit Ihre Fehler bei Bedarf korrigiert werden. Es darf bei Ihnen zu keiner fixen Idee werden, dass Sie nicht ins Dōjō kommen können. Das Beste ist, sich auf seine Arbeit zu konzentrieren, auf jeden Augenblick Ihres Lebens. Ich gebrauche immer das Bild vom Wassertropfen, der durch seine Stetigkeit schließlich den härtesten Felsen aushöhlt. Man muss ins Dōjō kommen wollen, selbst wenn man nicht kommen kann; das ist wichtig – und doch keine Pflicht. Dieser Zustand des Bewusstseins bringt gutes Karma hervor.

*Hat unser Zazen sonst noch Wirkungen?*

Ja, Ihr Zazen beeinflusst den ganzen Kosmos. Genauso ist es, wenn Sie drohende Gesten machen. Die Statuen Christi oder Buddhas beeinflussen, sie beruhigen. Sie sind der lebende Christus, lebende Buddhas, und die Zazenhaltung ist die höchste Haltung. Als mein Meister jung war, wurde er Küchenhelfer in einem Tempel und praktizierte dort jeden Tag Zazen in einem Winkel des Gartens oder in einem Schuppen. Eines Tages öffnete ein alter Mönch, der ihn manchmal schlecht behandelt hatte, die Tür und sah ihn. Seine Haltung war so schön, dass er lautlos die Tür schloss und wortlos fortging. Und ein alter Mann, der ihn fortwährend getadelt hatte, gab ihm Geld, als er ihn zufällig beim Zazen sah. Warum respektiert man in Asien die Körperhaltung Buddhas? Weil sie die höchste Haltung ist. Wenn wir Zazen praktizieren, ist dies das Numen unserer Eigenart und Ursprünglichkeit. Warum achtet man mich? Weil ich Zazen praktiziere. Ich bin weder besonders intelligent noch vollkommen, aber meine Zazenhaltung beeinflusst jeden. Meine Zazenhaltung ist mein Numen.

## Die Zazenhaltung

*Ist es möglich, die Schmerzen, die man beim Zazen hat, auszuschalten?*

Die Anfänger haben Schmerzen, weil sie weder Übung noch das normale Bewusstsein haben. Heute haben Sie Schmerzen. Morgen werden Sie keine Schmerzen haben. Der Körper ändert sich. Jeden Tag ist er anders. Die Nahrung beeinflusst uns, die Umgebung beeinflusst uns, die Feuchtigkeit, das Klima, die Hitze ... Morgen, Mittag und Abend sind nicht gleich. Die anderen Menschen beeinflussen uns gleichfalls.

Wenn Sie zu lange Zazen praktizieren, haben Sie Schmerzen. Die Menstruation beeinflusst die Frauen, sie sind sensibler. Für manche Personen erweist es sich als sehr schwierig, nach dem Geschlechtsverkehr Zazen zu praktizieren. Für andere nicht. Während eines Sesshin sind sexuelle Beziehungen nicht gut. Die Muskeln werden weich, sie entspannen sich. Daher hat sich im Yoga und in den traditionellen Religionen Indiens die Askese derart entwickelt.

Im Mahāyāna liegt das Gewicht keineswegs auf der Askese. Zu viel Askese führt nicht zum normalen Zustand. Es ist nicht gut, sich zum Entsagen zu zwingen, umso mehr, als dies etwas ganz anderes ist, je nachdem, ob Sie alt oder jung sind. Sehr wichtig bleibt immer das Gleichgewicht. Wenn Sie aufhören, sexuelle Beziehungen zu haben, aber trotzdem ständig daran denken, dann ist das keine gute Lösung. Wenn man sich viel Zwang auferlegt, bewegt sich der Körper während des Zazen. Manchmal muss man also geschlechtliche Beziehungen haben: Das Zazen wird dadurch besser.

Wichtig ist auch die Nahrung während der Sesshin. Man soll nicht zu viel Fleisch essen, das erzeugt sexuelle Wünsche. Es ist besser, darauf zu verzichten. Es wäre aber nicht weise zu sagen: «Sie dürfen davon nicht essen.» Fleisch ist notwendig, vor allem für die europäischen Völker. Wenn Sie aber zu viel davon essen, laufen Sie Gefahr zahlreiche und starke sexuelle Wünsche zu haben. Daher gibt es während eines Sesshin wenig davon. Die Menschen reagieren verschieden. Wenn man müde ist, wird Fleisch zu einem Medikament. Jeder muss seinen Rhythmus und die für ihn geeignete Diät finden.

Es macht nichts, wenn Sie Schmerzen haben. Sie müssen geduldig sein. Die Schmerzen werden verschwinden. Wenn Sie während des Zazen Schmerzen haben und daran denken, nimmt der Schmerz zu. Aber wenn Sie das Kyōsaku verlangen, geht er manchmal vorüber. Es ist selten, dass mehrere Stellen des Körpers gleichzeitig schmerzen. Im Allgemeinen gibt es eine einzige schmerzende Stelle; und das Kyōsaku beseitigt den Schmerz.

Während des Zazen bereitet das Kyōsaku keine Schmerzen. Es stellt das Gleichgewicht wieder her. Deshalb wird es zwischen Nacken und Schultern verabreicht. Bei den japanischen Massagen berührt man das kranke, schmerzende Organ nicht, der Masseur berührt einen Punkt auf dem Meridian, der dem Organ entspricht, und der Schmerz verschwindet.

Sehr wichtig ist das «zurückgezogene Kinn». Wenn Sie das Kinn zurückziehen und den Nacken strecken, geht der Schmerz leichter vorüber.

Wenn Sie zu große Schmerzen haben, können Sie auch die Stellung der Beine wechseln.

*Welche Bedeutung hat die Stellung der Hände beim Zazen?*

Die linke Hand in der rechten ist die beste Haltung, um sich zu konzentrieren und Energieverlust zu vermeiden. Wenn man vor sich hindämmert, fallen die Daumen nach unten; wenn man nervös ist, richten sie sich auf. Man kann sich dadurch kontrollieren und die Herrschaft über sich wiedererlangen. An der Fingerhaltung erkennt der Meister rasch Ihren Geisteszustand. Die Yogis meditieren auch mit den zum Kreis geschlossenen Fingern. Das ist gut, aber die Zazenhaltung ist besser. Sie können selbst vergleichen und urteilen, was für die Konzentration das Beste ist.

Alle Meister haben sich in China und Japan gründlich mit diesem Problem befasst. Ich selbst habe meinem Meister Fragen gestellt und erkannt, dass dies die beste Haltung ist.

Ich sage immer: «Um sich zu konzentrieren, müssen Sie Ihren Geist in Ihre linke Hand legen.»

Warum die linke Hand? Weil die rechte erschöpft ist, denn Sie gebrauchen sie dauernd!

*Soll man die Daumen sehr stark aneinander drücken oder sollen sie sich lediglich berühren?*

Sie sollen sich gerade berühren. Drücken Sie nicht zu stark. Die Hände sollen senkrecht zum Bauch sein. Sie drücken den Zustand des Bewusstseins aus.

Das ist eine sehr subtile Sache. Ich muss nicht in Ihr Gehirn schauen. An Ihren Fingern erkenne ich Ihr Karma, Ihr Schicksal. Die Fingerhaltung enthüllt viel. Und alle Tage während des Zazen ändert sie sich.

Wenn Sie Ihre Hände und die Haltung der Daumen kontrollieren, wird es Ihnen gelingen, die Schultern zu entspannen und fallen zu lassen.

*Darf man während des Zazen die Augen schließen?*

Beim Zazen ist die Haltung der Augen sehr wichtig. Wenn man den Blick auf einen Punkt konzentriert, so führt das bei manchen dazu, dass sie mit den Augen blinzeln. Tatsächlich muss man den Blick einen Meter vor sich richten und ihn nicht bewegen. Betrachten Sie auch nicht den Hintern der Dame, die vor Ihnen sitzt.

Manche schließen die Augen, daher schlummern sie ein.

In alten Zeiten waren die Dōjō sehr dunkel, und die Mönche schliefen oft. Wenn man lange Zeit fortfährt, Zazen zu praktizieren, wird das Gehirn ruhig. Man hört auf zu denken, man geht von Nicht-Gedanke zu Nicht-Gedanke und schläft ein.

Wenn es einem infolge übermäßiger Nervosität oder Angst nicht gelingt, sich zu konzentrieren, darf man aber die Augen für eine kurze Weile schließen, sollte sie dann aber wieder öffnen. Manche öffnen sie zu weit, betrachten den Himmel und fallen in eine Art Ekstase.

Die richtige Augenhaltung beim Zazen ist die, den Blick bei halb geschlossenen Augen einen Meter vor sich auf den Boden zu richten.

Meine Augen sind sehr leuchtend. Daher schaue ich meinen Gesprächspartner nicht immer an. Aber wenn ich wirklich sehen will, öffne ich sie vollständig, und manche haben dann Angst.

*Soll der Kyōsaku-Assistent die Haltungen korrigieren?*

Ja, wenn er es versteht, nein, wenn er es nicht kann.

Es ist sehr schwierig, die Haltungen zu korrigieren, man braucht eine lange Erfahrung.

Ich korrigiere, und Sie müssen verstehen, was ich berichtige: Kinn zurückziehen, Becken und Nacken strecken, die Schultern fallen lassen. Seit 12 Jahren wiederhole ich nur das. Am wichtigsten ist das zurückgezogene Kinn mit dem gestreckten Nacken: den Himmel mit dem Kopf drücken, die Erde mit den Knien. Die Haltung der Hände und Finger ist gleichfalls wichtig. Das Übrige ist sehr subtil, die möglichen Fehler schwerwiegend. Das ist die Rolle des Meisters und der älteren Schüler. Aber dass man das Kinn zurückziehen muss, versteht jeder. Manche sind zu verspannt. Die Unterarme sollen nicht am Körper anliegen. Zu viel Korrektur ist aber auch nicht gut. Es ist wichtig, wenn die Leute sehr konzentriert sind, sie nicht dadurch zu stören, dass man ihre Haltungen berichtigt. Man muss das beim nächsten Mal tun.

Manchmal warte ich einen Monat, denn das alles ist sehr subtil. Der Geist ist sehr wichtig. Wenn der Geist gut ist, braucht man die Haltung nicht zu korrigieren. Man muss aufpassen und den Kernfehler bloßlegen. Es ist wirkungslos, die Haltung zu korrigieren, wenn man den Hauptfehler nicht versteht. Man muss in dem Augenblick korrigieren, in dem der Betreffende tatsächlich verstehen kann, dass seine Körperhaltung schlecht ist.

Verstehen ist das Wesen des Zen. Es ist nicht gut, zu viel zu lehren. Eine sehr schlechte Haltung muss korrigiert werden, aber nur in diesem Fall. Für Anfänger ist Zazen schwierig, und man muss nachsichtig sein. Es führt zu Problemen, wenn man auf einmal zu viel lehrt. Man muss das schrittweise und behutsam tun –, so gewinnt man an Tiefe.

*Könnten Sie etwas über die Atmung während des Zazen sagen?*

Ich werde es versuchen, aber es ist schwierig. Im traditionellen Zen lehrten die Meister das nicht. Im Yoga ist es das Erste, was man lernt. Im Zen lehrt man es nicht. Wenn Ihre Körperhaltung korrekt ist, finden Sie automatisch die richtige Atmung. Um Ihnen das zu zeigen, müsste ich mich ausziehen. Sie müssen das durch Ihren eigenen Körper begreifen. Ein kurzes Einatmen vom Solar Plexus aus. Dann die Ausatmung, die auf die Eingeweide unter dem Nabel drückt.

Anapanasati: Ausatmung, Atmung Buddhas. Durch Anapanasati hat Buddha unter dem Bodhibaum die Erleuchtung erlangt.

Es ist nicht nötig, einzuatmen – nur ausatmen. Wenn Sie vollständig ausgeatmet haben, können Sie immer noch ein klein wenig atmen ...

Wenn ich die Sūtren lese, hält mein Atem lange vor, denn ich bin an die richtige Ausatmung gewöhnt. Wenn man ausatmet, kommt und geht ein wenig Luft durch die Nasenlöcher und man kann lange so fortfahren. Seit 40 Jahren trainiere ich das.

Zunächst müssen Sie mit dem Gehirn begreifen, dann sich darin üben. Dies ist eine Methode, um lange zu leben. Von den

Menschen im Osten, die lange leben, benutzen die meisten diese Methode. Daher sage ich, dass Sie sich auf die Ausatmung konzentrieren sollen.

Würde ich beim *Kinhin* [Laufübung nach dem Zazen] nach meinem Rhythmus ausatmen, würde sich niemand mehr bewegen. Also passe ich mich an.

Drücken Sie beim Kinhin den Boden mit der großen Zehe, den linken Daumen in der linken Hand. Man fühlt dann die Energie im ganzen Becken. Das hat eine Beziehung zu den Kampfkünsten (Budō). Die Kampfkünste sind etwas anderes als Sport. Das Hara muss stark sein. Um diese Atmung zu verstehen, genügt die Sūtrarezitation. Die Zeremonien und die Sūtrarezitation dienen dazu, Ihre Atmung zu trainieren. Wenn Sie rezitieren, müssen Sie vollständig ausatmen. Das ist ein gutes Training.

Professor Herrigel hat hierüber in seinem Buch über das Bogenschießen geschrieben. Er hat sich über sechs Jahre lang in dieser Disziplin ausbilden lassen. Zunächst dachte er, sein Meister sei verrückt, aber schließlich hat er all sein Wissen und seine Philosophie aufgegeben und Erfolg gehabt.

Er war nach Japan gereist, um das wahre Zen zu studieren. Man hat ihm gesagt: «Das ist sehr schwierig. Wenn Sie Zen studieren wollen, müssen Sie zunächst eine Kampfkunst ausüben.»

Herrigel war ein sehr guter Gewehrschütze, also hat er mit dem Bogenschießen begonnen. Aber die richtige Atmung hat er erst nach 6 Jahren verstanden. Mein Meister sagte: «Wäre er zuerst zu mir gekommen, hätte ihn das weniger Zeit gekostet.» Erst als er den Druck auf die Eingeweide verstanden hatte, hat er Erfolg gehabt, nicht früher. Jūdō ist ebenfalls ein Atemtraining, aber die meisten Menschen wissen es nicht. Vom zweiten oder dritten Dan an stellt diese Atmung sich ein.

Herrigel hat unbewusst verstanden: Der Pfeil fliegt am Ende des Ausatmens los. Genauso ist es im Jūdō: Beim Ausatmen ist man stark, beim Einatmen schwach. Man muss den Gegner besiegen, wenn er beim Einatmen ist. Ich kann einen Mann mit einem Finger töten, während er einatmet. Man braucht dazu kein Messer. Ich habe es versucht, als ich jung war – aber ich habe ihn nicht getötet, sondern nur zu Fall gebracht. Am Ende des Einatmens gibt es einen Augenblick der Schwäche; beim Ausatmen kann man ruhig einmal einen Schlag erhalten, das tut nichts. Man bewegt sich nicht einmal.

Daher ist die Yogaatmung für die Kampfkünste ohne jeden Nutzen. Die Japaner lieben Yoga nicht. Niemand praktiziert es in Japan, denn die Leute kennen die Zenatmung genau. Das alles ist auch für die Massage und das Schwertfechten wichtig. Und wenn Sie es wirklich verstehen, kann Ihnen das im täglichen Leben nützen.

Wenn Sie sich bei einer Unterhaltung aufregen, dann atmen Sie so, wie ich es Ihnen erkläre, das wird Sie beruhigen. Das Herz wird massiert, und die Lunge füllt sich mit Luft. Wenn man Zazen praktiziert, entsteht stetig ein Druck auf das Zwerchfell, dadurch wird man mutig. Man nimmt die kleinen Dinge des Alltags gefasst auf und ängstigt sich nicht derart.

Einmal im Japanisch-Russischen Krieg waren die Soldaten in den Schützengräben und zielten über ihre Köpfe, ohne überhaupt hinzusehen – solche Angst hatten sie. Auch der Hauptmann empfand Furcht und Schrecken. Mein Meister sah kurz hin, um zu erfahren, was vorging, und ... niemand war auf der anderen Seite. Er hat dem Hauptmann einen Fußtritt versetzt, die Fahne ergriffen und ist losgerannt, um die feindliche Stellung zu besetzen. Der Kommandant fragte sich, wer wohl seine Leute derart anführen könne. «Das ist ein Zenmönch», sagte man ihn. «Das verwundert mich nicht. Sie sind mutig und erfolgreich.»

Durch den Körper, durch die Atmung, wird man unbewusst ruhig, weise. Die Ideen verlassen den Körper. Wenn Sie Zazen praktizieren, wird Ihnen das vertraut werden.

Sie denken: «Vielleicht praktiziert der Meister die Atmung vom Anfang bis zum Ende des Zazen.» Nein, manchmal vergesse ich es, aber im Alltagsleben bin ich daran gewöhnt, so zu atmen. Finden Sie Ihren Stil selbst! Konzentrieren Sie sich auf das Ausatmen, wie die Kuh, die beim Ausatmen muht!

Wenn Sie sich auf das Einatmen konzentrieren, werden Sie schwach. Beim Einatmen erkälten Sie sich. Auf dieselbe Art weinen Sie. Wenn man glücklich ist, wenn man lacht, konzentriert man sich auf das Ausatmen. Durch diese Methode können Sie Ihren Geist kontrollieren. Das ist sehr wichtig und nicht schwer. Aber die Leute denken nicht daran. Wenn Sie schwach oder traurig sind, dann konzentrieren Sie sich auf das Ausatmen, und das wird den Zustand Ihres Geistes verändern!

Durch die Atmung kann man sein Leben, seine Gefühle kontrollieren.

*Wie soll die Geisteshaltung während des Zazen sein?*

Das ist ein wichtiger Punkt. Es gibt drei Schwerpunkte beim Zazen: Haltung, Atmung, Geisteshaltung. Das Wesen des Zazen betrifft das Bewusstsein: Hishiryō – Denken, ohne zu denken. Während des Zazen kann man sein Denken nicht anhalten. Man denkt mehr und mehr, denn viele Gedanken wiederholen sich. Im täglichen Leben achtet man darauf nicht, aber während des Zazen sieht man die Gedanken kommen: «Meine Frau ist vielleicht gerade dabei, mich zu betrügen.» – «Heute wird eine Rechnung fällig, ich muss, wenn ich aus dem Dōjō komme, bei der Bank vorbeischauen.» Man kann sein Denken nicht anhalten.

Bei manchen Meditationsarten sagt man: «Man darf nicht denken.» Bei anderen: «Man muss an Gott denken. Sie müssen sich Bilder von Gott oder schönen Dingen vorstellen oder an ein Kōan denken oder an philosophische Probleme.»

Das ist nicht die richtige Haltung. Man kann nicht gedankenlos verharren und, wenn man denken will, sich auf einen einzigen Gegenstand konzentrieren, z. B.: «Was ist *kū*?» oder «Was ist *mu*?» Das ist sehr schwierig. Das ist genauso, als wollte man aufhören zu denken.

Im Zen muss man die Gedanken vorbeiziehen lassen. Sobald ein Gedanke entsteht, lässt man ihn vorbeiziehen. Ob Geld auftaucht oder ein Mädchen, Sex, Nahrung, Gott, Buddha, Zen – lassen Sie es vorbeiziehen. Beim Zazen konzentrieren Sie sich auf die Haltung und lassen alles Übrige vorbeiziehen. Dann kommt das Unterbewusste hervor, denn wenn man sein bewusstes Denken anhält, offenbart sich das Unterbewusste.

Freud und Jung haben bereits darüber gesprochen. Jung war ein tiefgründiger Psychologe. Er hat sich mit dem Zen aus den Büchern Professor D. T. Suzukis befasst. Aber jener Suzuki hatte keine Zazenerfahrung, und es ist unmöglich, Zen zu verstehen, wenn man Zazen nicht praktiziert.

Wenn man Zazen praktiziert, kann man das aufsteigende Unterbewusste verstehen. Man soll es ruhig aufsteigen lassen, denn danach erschöpft es sich: Es ist ja einige Jahre her, dass man ein Säugling war ...

Man kehrt zum Urzustand zurück, der vollkommenen Reinheit. Das ist das Satori. Weder ein besonderer Zustand noch ein transzendentaler Zustand des Bewusstseins.

Während des Zazen müssen Sie alles vorüberziehen lassen: Der Wille, nicht zu denken, ist auch ein Gedanke. Man soll die Gedanken vorüberziehen lassen, nicht sie unterhalten.

*Was für eine Konzentration soll man während des Zazen beobachten?*

Das ist für jeden verschieden. Sie müssen Ihre eigene Methode finden. Als Anfänger sollten Sie sich ziemlich bewusst konzentrieren. Wenn Sie Ihre Praxis fortführen, werden Sie es schließlich unbewusst tun können. Am Ende ist Zazen unbewusste Konzentration. Das ist der höchste Zustand des Zazen.

Am Anfang muss man sich auf die Haltung, die Atmung, die Finger konzentrieren ... Aber wenn Sie sich nur auf die Finger konzentrieren, öffnen Sie den Mund. Selbst wenn Sie auf die Finger und das zurückgezogene Kinn konzentriert sind, müssen Sie in gleicher Weise auf alle Einzelheiten der Körperhaltung und auf die Atmung konzentriert sein. Alles dies zugleich zu tun, ist sehr schwierig, und man ist während des Zazen sehr damit beschäftigt. Mit fortschreitender Praxis geschieht das unbewusst.

Diese Haltung beeinflusst Ihr tägliches Leben; es entsteht eine unbewusste Konzentration auf jeden Gegenstand. Wenn man unbewusst konzentriert ist, ermüdet man nicht. Wenn man sich bewusst konzentriert, ermüdet man viel rascher.

*Ich habe noch eine Frage zum Thema der Konzentration und Beobachtung. Warum soll man beobachten?*

Ich habe nicht gesagt, dass Sie sich sagen sollten: «Ich muss mein schlechtes Karma betrachten. Ich bin ein Sexbesessener. Der Sensei hat es gesagt ...» Es ist nicht nötig, sein Karma zu betrachten, aber wenn irgendetwas unbewusst, ohne Ziel aufsteigt, können Sie es tun. So etwas geschieht, denn es ist nicht möglich, immer konzentriert zu sein.

Wenn man auf die Körperhaltung konzentriert ist, vergisst man alles; daher ist es nicht notwendig, in diesem Augenblick beobachten zu wollen. Wenn man sich sagt: «Ich muss aufhören zu denken», so ist das ein Ziel. «Ich muss mich konzentrieren» – das ist ein Ziel. Besser ist es, natürlich zu sein. Immer an etwas zu denken ist nicht gut. Ein Buch oder Heft zum Zazen mitzubringen, wie ein Schüler es einmal getan hat, ist nicht gut. Ich habe ihm Kyōsaku verabreicht.

«Trotzdem, Sensei, hier ist es sehr einfach zu lernen und zu behalten, während es bei mir zu Hause sehr schwierig ist!» ... Sie sollten nichts in dieses Dōjō mitbringen – ich spreche nicht nur von Schreibheften. Auch kein Problem in Ihrem Gehirn. Lösen Sie sich von allem, wenn Sie Zazen praktizieren. Aber die Gedanken äußern sich dann durch das Unterbewusste.

Welcher Art ist der Zustand des Bewusstseins während des Zazen? Es ist der des höchsten Denkens: Hishiryō – denken, ohne zu denken. Vom Nichtdenken zum Denken gelangen, und vom Denken zum Nichtdenken. Jenseits des Denkens ... Man kann es nicht ausdrücken. Wenn man sich auf die Körperhaltung konzentriert, auf eine gute Atmung, die richtige Kopfhaltung, ist alles einfach. Trotzdem erscheinen Gedanken: «Jetzt denke ich.» So denkt man auf objektive Art.

Man kann seinen Geist objektiv betrachten.

Aber man muss natürlich sein, denn erst nach dem Zazen unterscheidet man Konzentration und Beobachtung.

*Soll man, wenn man zu unruhig ist, um Zazen zu praktizieren, die Atemzüge zählen oder sich auf eine Silbe konzentrieren, zum Beispiel auf die Silbe «mu», um ruhiger zu werden?*

Im Sōtō-Zen ist das nicht üblich. Mein Meister mochte das nicht besonders. Aber manche tun das während des Zazen. In der indischen Meditation zählt man die Atemzüge. Anfänger können es tun, aber wenn man zählt, ist man nur darauf konzentriert und nicht mehr auf die Haltung, die dabei nachlässt.

Shikantaza besteht darin, sich nur auf die Körperhaltung zu konzentrieren, die Haltung zu korrigieren, sich immer wieder mit der Haltung zu beschäftigen. Wenn ich mich nicht konzentriere, lasse ich schnell nach. Es ist sehr schwierig, sich auf die Hände zu konzentrieren. Besser ist es, man konzentriert sich auf die Finger, als dass man die Atemzüge zählt.

Die Atmung an sich ist schwierig, selbst für mich – trotz meiner vierzig Jahre Praxis.

*Sicher irre ich mich, aber ich stelle fest, dass ich mit der Zeit nicht nur an die Körperhaltung glaube. Ich glaube an sie als ein Mittel.*

Sie verstehen Zen nicht. Nach allen überlieferten Abhandlungen existiert letzten Endes nur die Körperhaltung. Zazen ist die höchste Körperhaltung, die überlieferte Körperhaltung. Wenn die Haltung schlecht ist, liegt sicher eine Krankheit vor. Jeder hat ein Karma. Indem ich die Körperhaltungen betrachte, kann ich das jeweilige Karma verstehen und das, was zur Krankheit führt. Wenn ich Ihnen das erkläre und Sie meiner Unterweisung nicht folgen, tritt Ihre Krankheit hervor. Daher sage ich, dass man durch die Haltung Geist und Körper heilen kann. Auf sehr einfache Weise.

Die europäischen Ärzte heilen, indem sie ausschließlich auf den Körper einwirken, und die Priester interessieren sich nicht für den Körper, sondern nur für den Geist. Daher gibt es in unserer Zeit so viele Krankheiten. Der wahre Arzt sieht auf einen Blick, was vorliegt.

4 + 4 ist 8, und 4 × 4 ist 16. Den Körper zu heilen, ist 4. Man muss sich aber auch mit dem Geist beschäftigen, darum

wird sich ein anderer Spezialist oder ein Geistlicher kümmern. Das ist $4 + 4$.

Während des Zazen heilt der Körper sich selbst, er erlebt ein großes Heilungsgeschehen. «Kinn zurückgezogen» – das autonome Nervensystem ist wieder ausgeglichen, das hat eine große Wirkung auf das Bewusstsein, auf den Geist, und das wird $4 \times 4$, weil es zur selben Zeit geschieht. Das ist die Essenz des Zen. Die Haltung ist die Essenz des Zen, die Philosophie des Zen.

Ein Flugzeug kann zum Beispiel mit seinen zwei Flügeln fünfhundert Kilometer in einer Stunde zurücklegen. Könnte es mit einem einzigen Flügel zweihundertfünfzig Kilometer in der Stunde zurücklegen? Das ist nicht möglich. Genauso ist es mit Geist und Körper.

Die moderne Psychologie spricht ebenfalls vom Einfluss der Finger auf den Geist. Die Körperhaltung beeinflusst den Geist. Die Leute denken, sie könnten ihren Geist mit dem Willen beeinflussen und erwarten vom Arzt, dass er ihren Körper verbessere. Beides muss aber zugleich erfolgen. Wenn ein Geistlicher den Geist heilen will, muss er auch auf den Körper einwirken.

Die Haltung, das ist nicht $4 + 4$, das ist $4 \times 4$. Das ist sehr wichtig.

*Aber ich bemerke, dass es mir nicht gelingt zu glauben, dass die Körperhaltung das einzig Notwendige, ein Ziel in sich sei.*

Was glauben Sie dann? Wenn die Haltung schlecht ist, ist man verrückt. Der Körper ist sehr wichtig. Körper und Geist sind wie Vorder- und Rückseite desselben Blattes Papier. Ich verstehe, was Sie sagen wollen. Aber woher kommt der Ton beim Zusammenschlagen der Hände? Körperhaltung und Geist, das ist dasselbe. Die Europäer unterscheiden immer Körper und Geist. Das ist dasselbe wie mit dem Blatt Papier; man kann die Vorderseite nicht ohne die Rückseite kaufen. Genauso ist es mit dem Körper. Descartes war Dualist. Die meisten Menschen denken: «Mein Körper ist tot, und meine Seele kommt in den Himmel.» Deshalb denken Sie immer an einander widersprechende Dinge. Das macht Sie krank. Der Körper und das Bewusstsein sind eine Einheit. Der Körper ist der Geist, und der Geist ist der Körper. Sogar in der modernen Physik beweist man das. Kann man den Geist finden, wenn man operiert? Vielleicht im Schädel ... Aber jeder Teil des Körpers ist Geist. Alles ist Geist.

Wenn Sie das Satori erlangen wollen, muss der Körper gesund sein; die Zazenhaltung bringt die beste Haltung des Geistes hervor. Daher achten die Asiaten die bildliche Darstellung Buddhas. Nicht die Statue – die Haltung! Die Haltung selbst ist Satori!

Die Haltung mit nach vorn hängendem Kopf deutet auf eine Geisteskrankheit hin. Wie im Yoga: Niemand respektiert den Kopfstand. Niemand respektiert die hässliche Haltung mit offenem Mund. Nur die wahre Haltung wird geachtet. Wenn Sie Zazen praktizieren, beeindruckt das sicherlich und weckt Respekt. Die Körperhaltung ist dem Klatschen der Hände vergleichbar. Woher kommt der Ton? Von welchen Händen? Der Ton und die Hände bilden eine Einheit. Es gibt keine Trennung. Es gibt viele Kōan darüber. Geist und Körper sind wie die zwei Flügel des Vogels.

## Die Tradition

*Welche Bedeutung hat die Tradition im Zen?*

Zen hat die Tradition immer respektiert und geschützt.

Seit der Zeit Buddhas ist es immer dieser Tradition gefolgt, ohne jemals davon abzuweichen.

Andererseits bringt Zen ständig Neues hervor, es passt sich allen Orten und Zeiten an. Es ist ständig frisch wie eine sprudelnde Quelle.

Welcher Art ist diese Tradition? Das ist sehr schwierig zu erklären, denn es ist das Wesen Buddhas, die Essenz des Geistes, die im Lauf der Jahrhunderte von Meister zu Schüler weitergegeben wurde, jenseits der Worte, ishin denshin, von meiner Seele zu deiner Seele.

Von Indien nach China, von China nach Japan, und von Japan nach Europa – Zen hat oft seinen Ort gewechselt.

Um sich zu entwickeln, braucht es unberührte Erde. Es flieht vor Formalismus und religiöser Sklerose.

Die Europäer fragen mich oft, ob es ihnen gelingen wird, Zen wirklich zu verstehen. Und ich antworte immer, dass ihnen das viel besser gelingen wird als den Asiaten, weil sie frisch und unverbraucht sind. Nur eine leere Flasche kann gefüllt werden ...

Die Zenmeister haben manchmal die Buddhastatuen verbrannt, um ihre Schüler zu erziehen. In diesem Dōjō gibt es eine sehr schöne Buddhastatue, und ich verneige mich immer ehrfurchtsvoll vor ihr. Warum? Weil sie Buddha repräsentiert oder teuer ist? Nein, ich verneige mich vor Ihnen, denn wenn Sie Zazen praktizieren, sind Sie lebende Buddhas.

Täuschen Sie sich nicht! Zen geht über alle Religionen hinaus. Buddha ist nur ein Name. Allein Zazen ist wichtig. Beim Zazen sind Sie Buddhas.

*Welchen Sinn haben die Riten?*

Manchmal sind sie notwendig. Wir sind keine Tiere. Durch das Verhalten, durch die Riten, kann man lehren. Der vollendete Ritus beeinflusst den Zustand des Geistes dessen, der ihn vollzieht.

Die äußere Form der religiösen Kulthandlung ist nicht wichtig. Aber durch diesen Ritus kann ich Ihren Geist zutiefst erziehen. Ich kenne die europäischen Riten nicht, aber ich kenne die Zenriten von Grund auf, und daher bediene ich mich ihrer. Ich bin Zenmönch und kann deshalb die christlichen Riten nicht lehren. Aber die Form ist nicht so wichtig.

Gewiss kann ein sehr tiefgründiger christlicher Mönch durch die Riten erziehen. Die großen Mönche erziehen immer durch die Riten: Das hat einen Einfluss auf das Bewusstsein. Ein guter Schullehrer muss immer darauf achten, wie die Kinder sich benehmen. In unserer Zeit sind die Lehrer nicht besonders gut. Sie vermitteln nur Wissen. Die großen Erzieher aber achten auf das Verhalten der Kinder, auf das, was sie tun. Auf diese Weise lernen die Kinder mehr Genauigkeit.

*Warum soll man, wenn man im Dōjō läuft, Richtungswechsel exakt im rechten Winkel ausführen?*

Wenn Sie es nicht tun, laufen Sie direkt gegen die Wand und fallen um ...

Es ist sehr wichtig, *wie* man etwas tut, das hat eine Wirkung auf das Bewusstsein. Die Verrückten handeln nicht zielstrebig, sie ähneln wandelnden Gespenstern. Wenn Ihr Bewusstsein gerade und rechtschaffen ist, können Sie geradeaus gehen und sich im rechten Winkel bewegen.

Im Dōjō praktizieren Sie sich in Genauigkeit. Wenn Sie das Dōjō betreten, halten Sie kurz an, sie betreten es von links und mit dem linken Fuß. Wenn Sie das ständig wiederholen, wird es Ihr Bewusstsein beeinflussen, und Sie werden sich in Ihrem täglichen Leben an Genauigkeit gewöhnen.

*Wozu führt man Zeremonien aus?*

Ein wenig Zeremonie ist notwendig.

*Jeden Tag?*

Ja, jeden Tag. Wenn Sie diese Zeremonie täglich wiederholen, erlangt Ihr Verhalten Schönheit. Das Ausführen der Zeremonien ist sehr gut für die Konzentration. Während des *Hannya Shingyō* können Sie sich auf die Ausatmung konzentrieren wie beim Zazen, es ist dabei sogar leichter. Wenn Sie rezitieren, geschieht das Atmen natürlich, automatisch und unbewusst. Durch Sampai, die dreifache Verneigung, lernen Sie demütig zu sein. In der Erziehung ist es wichtig, dieselben Gesten, dieselben Dinge zu wiederholen. Ihr Karma ändert sich ... Die Zeremonie ist einfach. Und es ist besser sie auszuführen, als sie nur anzuschauen. Sie ist kein Schauspiel.

*Welchen Sinn hat der Buddha-Altar?*

Das ist Zierwerk. Es ist gleichwohl notwendig, den Mittelpunkt, einen geweihten, heiligen Mittelpunkt, zu kennzeichnen. Und schließlich muss man die Kyōsaku und das Weihrauchgefäß irgendwo aufstellen. Das ist praktisch für die Zeremonien.

*Ihre Erklärung ist lustig, ist sie aber auch vollständig?*

In einem richtigen Tempel gibt es einen Buddhasaal, einen Vortragsraum, einen Saal für Zeremonien und dann noch das Dōjō, wo man Zazen praktiziert. In diesem Dōjō befindet sich kein bedeutender Altar. Die Statue, die man dort aufstellt, ist die des Buddha Mañjuśrī, auf dem Löwen sitzend. So ist es üblich. Aber eine andere Buddhastatue tut es auch – es kommt nicht wesentlich darauf an. Das Dōjō muss einen Mittelpunkt haben, eine rechte Seite und eine linke. Wenn es nichts dergleichen gibt, ist das nicht praktisch. Natürlich gibt es noch viele andere Bedeutungen. Der Altar macht die Atmosphäre auch reiner, heiliger, geweihter. Wir können das spüren. Das ist jedenfalls besser, als gar nichts hineinzustellen. Aber letztlich liegt darin keine derart tiefe Bedeutung, sondern vor allem die, den Mittelpunkt zu kennzeichnen.

*Welche Bedeutung hat das Gasshō* [der Gruß mit aneinandergelegten Händen, Handfläche gegen Handfläche]*?*

Gasshō verkörpert den religiösen Geist.

In der traditionellen Religion verbeugt man sich vor Gott und schafft so eine Trennung zwischen sich und Gott. Auch im Zen erkennt man Gott an, wenn man Gasshō macht; aber es verhält sich so: Geht man auf den Ursprung zurück, so glaubte Buddha nicht an diese These der traditionellen Religion, derzufolge es immer diese Trennung zwischen Gott und Mensch gibt, von wegen Gott ist gut, und die Menschen sind schlecht.

Als Buddha zur Welt kam, sagte er gleich nach seiner Geburt: «Ich bin die höchste Existenz.» Ich glaube nicht, dass er dies so gesagt hat, ein Säugling redet ja nicht, aber so lautet die Legende, wie sie von den Sūtren überliefert wurde. Von Geburt an verwarf er alle Lehrmeinungen. «Ich bin die höchste

Existenz.» Das heißt der erhabenste Mensch – kein Gott, ein Mensch.

Das war sehr revolutionär. Das ist der Grund, weshalb manche Christen sagen, der Buddhismus sei atheistisch oder pantheistisch. Aber Buddha selbst erkannte manchmal Gott als die höchste Existenz an.

In Wahrheit wird der Mensch zu Gott. Daher sage ich, dass Sie, indem Sie Zazen praktizieren, Buddha, Gott oder Christus werden. Wenn Sie Gasshō machen, ist es genauso: Gott ist die linke Hand, das Ego die rechte. Wenn man sie im Gasshō vereint, verwirklicht man die vollkommene Einheit. Man hat Achtung, aber in der Einheit. Man darf sich selbst nicht vergessen. Das erscheint widersprüchlich. Zen sagt, dass Sie Ihr Ego aufgeben sollen, aber durch Gasshō sind Sie es, der sich mit dem kosmischen System, mit Gott in Einklang setzt. Das ist die Bedeutung von Gasshō. Die Haltung der Hände beeinflusst das Gehirn. Wenn man drohend die Hände schüttelt, ist man aggressiv, und der Geist spürt das. Die Form, die die Hände einnehmen, beeinflusst das Gehirn. Seine Arme in der Horizontalen zu halten und sich zu verneigen oder die Schultern hängen zu lassen, das ist nicht dasselbe.

Wie soll die Haltung der Hände im Alltag sein? Auch das ist wichtig. Je nachdem, ob man die Arme übereinandergelegt oder die Hände in der Tasche hat, ändert sich der Geist. Wenn ich die Hände so hinter meinen Rücken tue und laufe, so ähnelt das Napoleon. Die Haltung der Hände beeinflusst das Bewusstsein – fragen Sie einen Psychologen. Das ist ein tiefes Problem.

*Welche Bedeutung haben die Sūtren? Wurden sie von Buddha oder seinen Schülern geschrieben? Sind sie verbindlich oder nicht?*

Wissen Sie, wenn Sie auf einem Gemälde einen Apfel sehen, ob er wohlschmeckend ist oder nicht? Manche sagen, man könne ihn nicht essen. Das ist kein richtiger Apfel, aber es ist eine richtige Antwort.

Eine wichtige Frage, ein großes Problem. Heutzutage vertritt man falsche Ansichten über Buddha und seine Lehre. Alle Schüler Buddhas haben Wahres und Falsches geschrieben. Sobald man etwas hört, sobald man etwas schreibt, bildet man Kategorien. Danach muss man es stilistisch überarbeiten. Man bringt Korrekturen an, da die Leute die Bücher sonst nicht kaufen würden. Man ändert. Wenn ich spreche, bin auch ich eingeengt. Ich kann meine Gedanken nicht vollständig ausdrücken. Ich denke, ich will dieses oder jenes sagen, und es fällt mir schwer, es auszudrücken.

Die Sūtren sind nicht fasch, aber sie übermitteln nicht die vollständige Wahrheit. Das Lotossūtra und das Diamantsūtra irren nicht. Wenn Sie aber das Lotossūtra lesen, werden Sie es seltsam finden. Es ist ein Roman, ein literarisches Abbild, so wahr wie das Bild des wirklichen Apfels. Der gemalte Apfel ist ein echter Apfel, aber man kann ihn nicht essen. Es ist dasselbe Problem.

Sie dürfen nicht alles aus den Sūtren herauslesen wollen. Um ihren wahren Sinn zu erfassen, müssen Sie über die Sūtren hinausgehen. Es gibt eine Fassung des Lotos- oder Kegonsūtras mit achttausend und eine des *Hannya Shingyō* mit sechshundert Kapiteln. Die Sūtren insgesamt umfassen achtzigtausend Kapitel. Wenn Sie die Buddhalehre aus den Sūtren erfahren wollten, müssten Sie zunächst diese achtzigtausend Bücher lesen. Wenn Sie nur zehn oder hundert läsen, wäre Ihnen nur ein kleiner Teil davon bekannt. Was soll man also tun?

Zen ist die unmittelbare Rückkehr zum Geist Buddhas, der unter dem Bodhibaum Satori erlangt hat. Durch dieselbe Haltung, dieselbe Atmung, denselben Geisteszustand machen Sie dieselbe Erfahrung. Es ist nicht notwendig, Bücher zu lesen; machen Sie hier und jetzt die ihnen zugrunde liegende Erfahrung! Wenn Sie Sūtren lesen, erwerben Sie nur Wissen. Sie werden dadurch schwierig und noch verworrener. Sie werden alles infrage stellen wollen und das Wesen dessen, was sie gelesen haben, nicht verstehen.

*Können die Sūtren auch in einer anderen Sprache rezitiert werden, oder gibt es im Japanischen besondere Klangwirkungen, die man gegen andere nicht austauschen kann?*

Der Text des *Hannya Shingyō* ist tatsächlich nicht einmal rein chinesisch. Sanskrit klingt darin mit, vermischt mit Chinesisch und Japanisch. Im Großen und Ganzen handelt es sich aber um die alte chinesische Aussprache, vermengt mit der japanischen Aussprache der Schriftzeichen. Selbst die Japaner haben dieses Sūtra nicht geändert. Man hat es ins moderne Japanisch übersetzt, in wohlklingende Sätze, aber man gebraucht die Übersetzung nicht.

*Heißt das, dass der Klang sehr wichtig ist?*

Ja. Daher ist immer derselbe Text überliefert worden. In den Tempeln bedienen die Mönche sich nicht der Fassung, die man versteht, sondern dieses sprachlich gemischten Textes, dessen Worte sich zum Teil durch die japanische Aussprache geändert haben. Es handelt sich weder um Sanskrit noch um Chinesisch oder Japanisch. Aber die Schriftzeichen sind chinesisch und japanisch. *Gyatei, gyatei* ist letzten Endes Sino-Sanskrit. Die Sprache der buddhistischen Sūtren ist nicht Japanisch, sondern ein sehr altes Chinesisch, das auf japanische Art ausgesprochen wird.

Heutzutage können die Chinesen die alten Schriftzeichen nicht mehr lesen, aber die meisten japanischen Mönche können es. Meine europäischen Schüler verstehen den Text und kennen ihn auswendig. Das überrascht die Japaner, die hierher kommen, und ein Chinese wäre noch überraschter.

*In den Sūtren ist immer die Rede von früheren Buddhas. Wer sind diese?*

Bilden Sie keine Kategorien! Hüten Sie sich vor Mystizismus! Śākyamuni Buddha hatte mit seinem Körper verstanden, dass die allem zugrunde liegende kosmische Kraft existiert und dass er eins mit diesem Strom war. Er hatte sich selbst vollständig vergessen. Sein Geist und sein Körper waren in Harmonie und eins mit der kosmischen Kraft. Er hat es erfahren. Sie müssen es selbst für sich erfahren.

*Im* Shōbōgenzō *heißt es, dass ein Mensch nur in dem Maß ein Kind Buddhas ist, als er die Ordination empfangen hat.*

Ja, Meister Dōgen hat das geschrieben. Was ist Ihre Frage?

*Was bedeutet die Ordination?*

Durch sie wird man ein Kind Buddhas! Wenn Sie ein Kind Buddhas werden wollen, verlangen Sie die Ordination. Es handelt sich um eine Formalität von nicht allzu großer Bedeutung. Wenn Sie ein Kind Christi werden wollen, müssen Sie die Taufe empfangen.

Zu Beginn ist es nicht notwendig, ein Kind Buddhas zu werden. Wenn Sie die Absicht haben, sich intensiver mit der Buddhalehre zu beschäftigen, wenn Sie den Buddha-Geist kennen lernen und verstehen wollen, müssen Sie Zazen praktizieren. Und wenn Sie die Ordination empfangen haben, werden Sie die buddhistische Tradition noch besser verstehen können. Wenn Sie Ihre Haare abschneiden, wenn Sie das schwarze Gewand anlegen, wird Ihr Geist sich ändern. Üben Sie Zazen im schwarzen Kimono, und versuchen Sie es dann im Straßenanzug. Sie werden den Unterschied spüren. Wenn Sie das Kesa anlegen, ändert sich Ihr Geist. Sie praktizieren Zazen dann auf eine neue, andere Art. Wenn die Form sich ändert, ändert sich auch der Geist. Als ich jung war, wollte ich meinen Schädel nicht rasieren. Meine Familie, meine Freunde waren dagegen. Schließlich habe ich es doch getan und hierdurch ein tieferes Verständnis erlangt.

Wozu Zazen praktizieren? Wozu ein Kind Buddhas werden? Das ist eigentlich die gleiche Frage. Manche sagen: «Es ist nicht notwendig, Zazen zu praktizieren; um Zen zu verstehen, genügt es, Bücher zu lesen.» Wenn man die Berichte anderer über ihre Erfahrungen aufmerksam liest, kann man den Buddhismus intellektuell begreifen, aber wenn man es unterlässt, Zazen zu praktizieren, kann man sich dem Buddha-Geist nicht nähern und die Erfahrungen Buddhas nicht verstehen.

*Welche Verpflichtung geht man als Mönch ein?*

Die Verpflichtung, Zazen zu praktizieren.

Die Verhaltensregeln ändern sich von Jahrhundert zu Jahrhundert. Vor hundert, zweihundert, tausend oder zweitausend Jahren gab es bedeutende Veränderungen, ebenso jetzt, und es wird sie auch in Zukunft geben. Natürlich darf man nicht töten, stehlen, lügen. Diese fünf oder zehn Gebote sind allen Religionen gemein.

Hinsichtlich anderer Lebensbereiche wie Sex, Tabak und Alkohol haben die verschiedenen Jahrhunderte unterschiedliche Gebote aufgestellt. Zu Buddhas Zeiten existierte der Tabak nicht, also wird er in den Sūtren nicht erwähnt! All das hat sich geändert. Auch die sexuellen Sitten haben sich geändert. Auch gibt es im Christentum und im Buddhismus verschiedene Verhaltensregeln für die Mönche.

Man muss einen festen Glauben haben und Zazen praktizieren. Wenn man Zazen praktiziert, festigt sich die Sittlichkeit. Die Persönlichkeit wird reiner. Man wird ruhig, ist nicht mehr so cholerisch, nicht mehr so unbeherrscht. Man ändert hierdurch sein Karma.

*Kann man sein Karma ändern?*

Sie können Ihr schlechtes Karma ändern, indem Sie Zazen praktizieren. Es erschöpft sich dann, es hört auf. Ihr Leben ändert sich. Während der Ordination lese ich jedes Mal ein langes Gedicht, das auch bereits in europäische Sprachen übersetzt wurde und hiervon handelt. Es ist dies das Sūtra der Ordination. Die Ordination, durch die man Mönch wird, wirkt an sich bereits auf Ihr Karma ein. Ihre ganze Familie wird durch sie glücklich. Sie werden dann völlig einsam, Sie schneiden alle Bindungen an Ihre Umgebung ab. Ihr innerer Geist erwirbt die wahre Freiheit. Alles ändert sich: Der Geist ändert sich durch die Ordination, der Körper ändert sich. Es ist ein Einschnitt in den Geist und seine Schwierigkeiten. Nun kann man der kosmischen Ordnung folgen. Ich habe das erfahren.

Als ich von meinem Meister, Kōdō Sawaki, die Ordination erhalten hatte, änderte sich für mich alles. Damals habe ich die

Endstation meines Lebens erreicht! Es gab nun keinerlei Angst mehr, kein Bedürfnis nach Geld, keine Sorge um die Familie. Als Folge hiervon wird unsere Liebe freier und stärker. Ich hatte mir den Kopf rasiert und meine Familie war damit nicht besonders einverstanden. Meine Tochter weinte: «Warum hat sich Papa die Haare abgeschnitten? Warum hat er sich in einen Tempel geflüchtet?» Später aber hat meine Familie verstanden und ist glücklich geworden. Jetzt ist sie wirklich glücklich! Das Karma ändert sich.

Das sieht wie Formalismus aus, es ist aber sehr wichtig, dass man das Kesa anlegt, Zazen praktiziert und sich schließlich die Haare abschneidet. Das Kesa ist kein gewöhnliches Stück Tuch. Sie müssen an es glauben. Wenn Sie es so betrachten, wie ein Hund es betrachten würde, führt das zu nichts. Seine Bedeutung ist sehr tief.

Wenn Sie Ihre Haare abschneiden, wenn Sie das Kesa anlegen, wenn Sie Zazen praktizieren, werden Sie wahrhaft frei. Auch mein Leben war voller Probleme, und noch mehr war es das meines Meisters Kōdō Sawaki. Er war arm, und seine Charakterzüge waren sehr ausgeprägt. Ich hatte denselben Charakter. Manchmal habe ich ein starkes Ego, und das ist besonders gut für einen Zenmönch, denn dann hat er etwas, was er aufgeben kann ...

Mein Meister sagte immer: «Wenn die Kakifrucht bitter ist, muss man sie lange liegen lassen, dann ändert sie sich und wird süß.» Dieses Ego hier wird zum kosmischen Ego. Je stärker das Ego ist, desto besser wird es, wenn man fortfährt, Zazen zu praktizieren. Man erhält ein noch stärkeres kosmisches Ego.

*Selbst die schlechtesten Menschen können Mönch werden. Warum?*

Wenn der Meister es erlaubt, kann der Schlechteste zum Besten werden. Das ist Mahāyāna-Buddhismus. Die übelsten Leidenschaften, die schlechtesten Bonnō werden zur Quelle des Satori. Wenn Eis schmilzt, entsteht viel Wasser. Die großen Bonnō, die großen Leidenschaften, verwandeln sich in großes

Satori. Ein großer Meister hat die Aufgabe, solche Umwandlungen zu ermöglichen, und hieran erkennt man seine Größe.

*Meinen Sie nicht, dass es heute in Paris schwieriger ist, Zenmönch zu sein, als es vor zweitausend Jahren in einem Zenkloster war?*

Schwieriger oder leichter, das hängt von der betroffenen Person ab. Man kommt hierher, praktiziert eine Stunde Zazen und kehrt danach in das aktive Leben zurück ... Wenn Sie in ein Kloster gingen, würden Sie nur daran denken, wieder herauszukommen.

«Ich möchte in ein Restaurant gehen, eine Frau oder Freunde besuchen, usw.»

Die Menschen zweifeln immer. Was ist also das Schwierigste? Die Mönche, die im Sōji-ji oder im Eihei-ji leben, sind ständig darauf aus, nachts zu Frauen zu gehen und halten es im Tempel nur drei Monate aus. Dagegen ist es für einen älteren Menschen nicht derart schwer, sich in ein Kloster zurückzuziehen, sich der Welt zu entziehen. Aber wenn ein junger Mensch in ein Kloster geht, bekommt er schnell Lust, es wieder zu verlassen. Er denkt an nichts anderes. Selbst in Lodève, bei einem Sesshin von nur wenigen Tagen, zählten manche die ganze Zeit über nur die noch verbleibenden Tage.

Einfacher ist es, morgens oder sogar zweimal am Tag eine Stunde lang Zazen zu praktizieren und dann wieder frei zu sein. Das ist auch besser. Für die japanischen Mönche wird Zazen zu einem Geschäft, einem Beruf. Aber Sie hier wollen tatsächlich Zazen praktizieren, daher ist Ihr Zazen immer frisch, es ist kein Business. Wenn Zazen zum Business wird, nimmt der wahre religiöse Geist ab.

Manche laufen fort, sobald sie ihre Haare abgeschnitten haben. Bis zur Ordination sagen sie sich: «Ich will Mönch werden.» Dann beginnen sie nachzudenken und laufen fort. Von denen, die Mönch werden, gibt die Hälfte danach sogleich wieder auf. Vielleicht wäre es besser, wenn sie in ein Kloster gingen. Aber das Leben in einem Tempel ist sehr schwierig. Man ist immer allein. Und indem man sich von der Gesellschaft absondert, wird man zum Egoisten: Man will ruhig werden und möchte Zen allein in den Bergen praktizieren! Während des Sesshin ist das gut, aber lange kann man das nicht fortsetzen. Man gibt sonst auf. Ich sage daher: Zazen soll wie ein Regenschauer sein.

Sonst will man, wenn man Mönch geworden ist, es nicht mehr sein. Bodhisattva zu sein heißt nicht, Mönch zu sein, sondern es werden zu wollen. Wenn man Mönch ist, hat man die Endstation erreicht. Aber das Reisen selbst ist schöner, als am Ziel anzukommen.

*Was alles umfasst das Bodhisattvagelübde? Im täglichen Leben nehmen wir viele Verpflichtungen auf uns, die Konflikte erzeugen und uns jede Freiheit nehmen. Kann das Bodhisattvagelübde uns befreien?*

Das ist eine Frage, die immer wieder gestellt wird. Wenn Sie heiraten, haben Sie dasselbe Problem. Manchmal bedarf der Mensch einer Regel, einer Moral. Wir sind nicht wie Tiere.

Im Buddhismus und im Zen besteht die Ordination nicht aus einer Verpflichtung. Wenn Sie die Ordination erhalten haben und nicht aufhören Zazen zu praktizieren, können Sie keine Verfehlungen mehr begehen, selbst wenn Sie dies wollten. Wenn Sie die Ordination empfangen, ändert sich Ihr Karma. Selbst wenn Sie versuchten das Böse zu tun, Sie hätten keine Lust dazu. Diese Wirkung der Ordination tritt automatisch und natürlich ein.

Es handelt sich um keine Willensentscheidung. Ich glaube nicht, dass es im Christentum genauso ist, aber ich meine, dass eine wirkliche religiöse Ordination kein Verbot beinhaltet.

Sie können automatisch nichts Böses mehr tun, und wenn Sie es tun, nimmt der Wunsch danach schnell ab. Über das körperliche Verhalten nehmen die Leidenschaften unbewusst ab. Sie brauchen sich keine Gedanken zu machen. Das ist die wahre Freiheit. Unbewusst, natürlich, automatisch können Sie der kosmischen Ordnung folgen.

Während der Ordination sage ich niemals: «Sie müssen dieses tun, jenes hingegen nicht.» Ich *gebe* die Ordination, und wenn Sie die Ordination *empfangen*, ändert Ihr Karma sich automatisch. Die Zenordination ist keineswegs eine Verpflichtung. Natürlich sollen Sie nicht töten, stehlen, die Sexualität missbrauchen oder lügen. Es ist schwierig, nicht zu lügen, und eine Mücke nicht zu töten, ist ebenfalls schwierig! Sie sollen weder sich selbst bewundern noch andere kritisieren ...

Im Buddhismus gibt es zehn Gebote (keine Verbote). Buddha sagte aber: «Wenn Ihr Zazen praktiziert, erfüllt Ihr das höchste Gebot; hierdurch entfallen alle anderen Gebote.» Wenn Sie Zazen praktizieren, ändert sich Ihr Karma und alles wird besser. Wer schlechte Neigungen hat, geht wieder fort. Die aber, welche fortfahren Zazen zu praktizieren, sind vortrefflich. Wenn sie irren, gestehen sie sich das ein oder gehen fort und geben Zazen auf.

*Könnten Sie die Rolle des Bodhisattvas im modernen Leben erklären?*

Man kann sie nicht eingrenzen. Würde ich Ihnen Ihre Frage beantworten, so würden Sie wahrscheinlich nur noch das als seinen Aufgabenbereich ansehen, was ich Ihnen aufgezeigt hätte. Sie müssen die Aufgaben des Bodhisattvas täglich neu entdecken. Diese Aufgabe ähnelt nicht irgendeinem religiösen Gebot. Sie müssen in den Fluss springen, um denen zu helfen, die ertrinken, Sie müssen sich in die Gefahr stürzen. Das ist die Berufung des Bodhisattvas.

Treten Sie den Problemen entgegen, weichen Sie ihnen nicht aus! Das ist sehr schwierig. So muss der Bodhisattva handeln, um anderen zu helfen. Geben Sie zuerst anderen zu essen und zu trinken, dann bedienen Sie sich selbst.

Bitte, erlangen Sie Satori! Ich werde Ihnen mit allen Kräften dabei helfen, und erst danach werde ich versuchen, es selbst zu erlangen.

*Warum hört man nie von weiblichen Buddhas?*

Aber ja, das gibt es auch. Viele Frauen sind Schülerinnen Buddhas geworden. Kannon wird oft in weiblicher Gestalt abgebildet, tatsächlich führt ihre Darstellung über die Geschlechter hinaus. Weder Mann noch Frau, das ist Mahāyāna-Buddhismus! Die Lehre Buddhas richtet sich an Männer wie Frauen, sie hat ihren Standort jenseits dieses Unterschiedes. Es ist für mich sehr schwierig, männliche und weibliche Wörter in den europäischen Sprachen zu unterscheiden. Im Japanischen gibt es diese geschlechtliche Einteilung nicht. So sagt man die Seine, der Rhein, und warum auch nicht? Ich finde es sehr amüsant. Vielleicht hat die Seine das weibliche Geschlecht, weil ihr Lauf sanfter ist und weiblicher als der des Rheins. Buddha jedoch ist jenseits von «der» Buddha oder «die» Buddha!

Die asiatischen Sprachen kennen diese Art von Unterscheidungen nicht. Die Asiaten haben die modernen Wissenschaften nicht hervorgebracht, dafür haben sie sich aber im Bereich der Religion keine Schranken auferlegt. Derselbe Satz, der im Japanischen oder Chinesischen Unendliches umfasst, ist in einer westlichen Sprache voller Kategorien. Die Philosophie ist im Westen sehr fortgeschritten; sie arbeitet mit Kategorien. Nietzsche ist dafür in einer ausweglosen Situation geendet. Er lehrte, dass der Mensch die Widersprüche umfassen müsse, ist ihnen aber selbst vollkommen verfallen und in geistiger Umnachtung gestorben.

*Welche Bedeutung hat das Kesa?*

Meister Dōgen hat im *Shōbōgenzō* zwei Kapitel über das Kesa geschrieben. Zazen ist die spirituelle Essenz des Zen. Das Kesa ist dessen materielle Essenz. Im Christentum verehrt man das Kreuz, im Buddhismus die Statuen und Bilder Buddhas. Im Zen ist es das Kesa. Die Menschen wollen Objekte für ihren Glauben. Man braucht irgendetwas Materielles. Welches Material ist dafür am besten geeignet? Buddha und die Meister haben darüber nachgedacht. Kleidung ist wichtig. Wie man sich anzieht, ist wichtig. Daher gibt es Moden, und deshalb ist die Pariser Mode in der ganzen Welt verbreitet.

Auch im Zen ist die Kleidung wichtig; das weiße Gewand ist japanisch, das schwarze chinesisch. Das Kesa ist indisch, und es ist sehr wichtig. Es ist, genau wie die Statuen, ein Symbol Buddhas. Ich ziehe das Kesa aber den Statuen vor.

Was ist das Symbol des spirituellen Lebens? Ein Schüler hat Buddha diese Frage gestellt, und als Antwort hierauf ist das Kesa geschaffen worden. Die Nähte stellen Reisfelder dar. Um ein Kesa herzustellen, benutzt man die wertlosesten, elendesten Stoffe. Für die ersten Kesa sammelte man die Laken der Toten, der Wöchnerinnen, die Monatsbinden, alles, was beschmutzt worden war, was niemand mehr haben wollte und in den Müll geworfen werden sollte. All das hat man gewaschen und mit Asche desinfiziert. Die Lumpen wurden zusammengenäht, und so entstand das Gewand des Mönches, das höchste Gewand. Das schmutzigste Material ist zum reinsten Gewand geworden, denn jeder achtet das Kleid des Mönches und sein Kesa.

Der geringste Stoff kann zum allerreinsten werden. Das ist der fundamentale Grundsatz des Mahāyāna-Buddhismus.

Genauso ist es mit unserem Geist und unseren Bonnō. Schauen Sie nicht nach außen, sondern nach innen! Sokrates hat gesagt: «Erkenne dich selbst.» Wenn man sich selbst betrachtet, erfährt man, dass man nicht sehr gut ist. Alle sind voller Widersprüche. Wir müssen unser Leben mit Freiheit erfüllen. Im *Hōkyō Zanmai* heißt es: «Außen – Ruhe, innen – Bewegung. Wie das Pferd, dem man die Füße fesselt, wie die Ratte, die sich verbirgt.» Ähnlich ist der Zustand unseres Geistes während des Zazen. Er ist ständig auf der Suche. So ergeht es mir und selbst den großen Meistern. Auch Buddha hat hierunter gelitten. Das ist die Schwäche des Menschseins.

Durch Zazen kann man seinen Geist leiten und kontrollieren. Wenn die Ratte schwach ist, ist sie bald tot. Das ist der Sinn der Geschichte von der Widerspenstigen Zähmung. Wenn man seinen Geist richtig anleitet, kann man ihn ändern. Wenn jemand schwach ist, kann er kein großer Mensch werden. Besser ist es deshalb, stark zu sein und große Illusionen zu haben. Die großen Illusionen werden zur Quelle der Erleuchtung. Eis wird zu Wasser, wenn es schmilzt. Wenn wir große Illusionen haben, führt das zu einem großen Satori.

Das geringste Kleidungsstück wird zum Symbol höchster Spiritualität. Man erkennt hier das Grundprinzip der Mahāyāna-Lehre. Die Menschheit umfasst große Widersprüche.

Die vorderen Bereiche des Gehirns und der Thalamus haben gegensätzliche Funktionen. Wenn wir nur den Intellekt gebrauchen, empfinden wir Gegensätze und leiden immer.

Das Kesa ist sehr wichtig. Wenn wir es anlegen, hilft es uns und ändert unser Karma, genauso wie Zazen. Es ist ein Symbol, und ich glaube daran. Es ist das Symbol meines Meisters. Daher trage ich es, ohne Angst. Für mich bedeutet es die Übertragung der Lehre auf mich durch meinen Meister. Das Niedrigste wird zum Höchsten. Mag unser Geisteszustand auch noch so schlecht sein, er wird der beste, höchste und edelste.

*Warum behandeln die großen Meister, die doch* mushotoku *praktizieren, wie Dōgen oder Nāgārjuna, wenn sie alt werden, das Kesa als einen Gegenstand der Verehrung, ergründen seinen Sinn und schreiben Bücher darüber?*

Das Kesa ist die Essenz der Buddhalehre, das Symbol Buddhas. Buddha hielt einmal eine Rede, zu der er alle seine Schüler versammelte. Am Ende drehte er eine Blume zwischen seinen Fingern. Niemand verstand diese Geste, nur Mahākāśyapa, der lächelte. Ihm hat Buddha sein Kesa übergeben, denn er hatte seinen Geist verstanden. Er übertrug ihm sein Kesa als Symbol des wahren Satori. Sichtbare und materielle Symbole des Dharmas sind nötig. *Shiki soku ze kū, kū soku ze shiki.* Die Leerheit wird Form und umgekehrt. Das Kesa ist das höchste materielle Symbol. In Japan rasieren sich die Mönche jetzt den Kopf nicht mehr und ziehen das Koromo fast nicht mehr an. Zu den Zeremonien bringen sie es in einer Tasche mit wie Schauspieler. Rakusu und Kesa bezeichnen auch weiterhin die Grenze zwischen Heiligem und Profanem. Sie sind das Symbol des Sanghas.

Wenn ich sterbe, soll man nicht meiner Person Ehre erweisen, sondern meinem Kesa, das meinen wahren Geist verkörpert, mein Satori, den Dharma selbst. Das Kesa zu ergründen, steht der Beschäftigung mit einem großen Kōan gleich; es ist die grundlegende Essenz der überlieferten Lehre, obgleich Form und Farbe sich im Lauf der Zeit geändert haben.

*Welche Bedeutung kommt im Zen dem Meister zu? Kann ein Schüler ein Dōjō leiten?*

Wenn es keinen Meister gibt, ist der Schüler wie ein Blinder, der führerlos umherirrt. Schon Meister Dōgen hat betont, dass ein Meister unbedingt notwendig ist. Wenn Sie Zazen ohne Meister praktizieren, gehen Sie in die Irre. Wenn Sie beim Zazen Fehler machen, werden Sie verrückt oder neurotisch. Für Anfänger ist Zazen sehr schwer, und zudem verstehen sie Zen nicht. Sie hier haben erfahren, was Meister Dōgen unter Bewusstsein versteht. Die ganzen Tage habe ich es Ihnen erklärt. Wenn Sie einem Meister folgen, erlangen Sie immer tieferes Verständnis. Die Schüler, die mir seit Langem folgen und meine Vorträge hören, verstehen infolgedessen und erlangen immer tieferes Verständnis. Wenn ich es ihnen erlaube, haben die Schüler das Recht, ein Dōjō zu eröffnen, denn dann repräsentieren sie den Meister.

*Welche Bedeutung hat das Dōjō? Ist es nur eine Gelegenheit, den Meister zu sehen?*

Warum nur den Meister? Was mich betrifft, ich praktiziere Zazen allein. Es gibt nur einen Meister, aber viele Schüler. Es gibt Sie und mich und alle anderen. Der Meister ist allein, und es sind viele Schüler da. Ich brauche jeden von Ihnen. Achten Sie nicht auf die anderen, sondern nur auf sich und mich. Ich muss alle beobachten, Sie hingegen betrachten nur mich. Für Sie ist es schwierig, allein zu Hause Zazen zu praktizieren, denn ich kann nicht zu Ihnen kommen.

Ich verstehe Ihre Frage. Die Atmosphäre ist sehr wichtig. Es gibt ein Verhältnis wechselseitiger Abhängigkeit zwischen denen, die Zazen praktizieren, eine gegenseitige Beeinflussung. Wären Sie oder ich allein, wäre die Atmosphäre anders.

Wenn in einem Kamin nur ein Scheit brennt, ist das Feuer nicht stark. Wenn man aber viel Holz nachlegt, brennt das Feuer sehr heftig. Heute war die Atmosphäre sehr stark; viele Scheite brannten. Das Feuer war wunderbar. Darin liegt die Bedeutung des Dōjō. Sie können hier, wenn auch unbewusst, eine große Aktivität wahrnehmen. Es hat hingegen keinen Sinn, zu denken: «Ich beeinflusse die anderen», oder «Ich erfahre den Einfluss der anderen.» Das geschieht unbewusst. Wenn Sie nicht Zazen praktizieren wollen, interessiert mich das nicht. Wenn Sie es jedoch wollen, so folgen Sie der kosmischen Ordnung, und ich folge Ihnen. Wenn niemand hierher käme, würden manche vielleicht zu Hause weiterpraktizieren, aber ich könnte nicht Zazen praktizieren, es fiele mir schwer. Seit vierzig Jahren praktiziere ich Zazen. Ich habe versucht, allein Zazen zu praktizieren. Ich habe es einen Monat oder zwei Monate versucht. Ich habe einen festen Charakter und liebe Zazen sehr, aber das wäre sehr schwierig für mich.

Manchmal praktiziere ich unbewusst Zazen an meinem Schreibtisch, in meinem Zimmer, wenn ich dort etwas geschrieben habe. Wenn Sie unbewusst ins Dōjō gehen, folgen Sie der kosmischen Ordnung.

*Braucht man, wenn man Zazen praktizieren will, stets einen Meister?*

Ja, am Anfang ist das nötig. Einen richtigen Meister. Wenn Sie einem Blinden folgen, geht er ins Ungewisse, und am Ende fallen Sie in einen Abgrund. Ohne Meister können Sie dem Weg nicht folgen. Wenn Sie nach dem rechten Weg trachten, ist ein Meister notwendig. Meinen Schülern zeige ich daher, in welche Richtung der Weg führt, der so schwer zu gehen ist. Wenn Sie auf mich nicht achten, irren Sie sich in der Richtung. Ohne Meister kann man auf längere Zeit nicht die richtige Körperhaltung, die richtige Atmung und den richtigen Geisteszustand beibehalten. Ohne ihn steht man beim Zazen, sobald die Beine schmerzen, auf: «Heute ist ein schlechter Tag, vielleicht morgen ...»

Mit einem Meister sollen und können Sie dem Weg folgen. Selbst wenn Sie eigentlich keine Lust haben, *samu* [Gemeinschaftsarbeit] zu verrichten, tun Sie es doch infolge der wechselseitigen Verbundenheit, der Verbundenheit mit dem Meister, den Brüdern und Schwestern des Sanghas. Allein ist der Weg schwierig. Selbst Mahākāśyapa ist Buddha gefolgt, er hat ihn gebraucht. Wenn Sie den wahren Weg, das wahre Zen verstehen wollen, brauchen Sie einen Meister.

*Kann ein Zenmeister heute, wo die Menschen sehr schwach sind, starke und wahre Schüler finden?*

Das ist sehr einfach, denn die Menschen sind sehr intelligent. Natürlich haben die Zeiten sich geändert, und die Verhältnisse in einer großen Stadt wie Paris sind nicht dieselben wie auf dem Land. Die Unterweisung ist Ort und Zeit entsprechend verschieden. Die Schüler entwickeln sich dauernd weiter.

Sie sind hier, und Sie sind sicher aufrichtig, anständig und gut. Das nehme ich an. Das Kyōsaku ist also nicht nötig, ich werde es nicht gebrauchen. Die Erziehung mit dem Kyōsaku ist nicht die beste.

Im alten China unterwies man nur durch diesen Stock. Man gebrauchte keine Worte. Die Schule Meister Unmons hieß «Kyōsaku-Schule», weil er niemals sprach und bis zu seinem Tod lediglich den Stock gebrauchte. Er trug den Beinamen «Meister Stock». Das war eine Charakterschulung, durch welche die Schüler wirklich stark wurden. Die tiefgründigen Fragen wurden zunächst ausgesiebt, und um sie dem Meister stellen zu können, musste man Schläge mit dem Stock hinnehmen. Jeder Irrtum führte zu einem Schlag.

*Zen ist im Begriff sich auszubreiten. Zahlreiche Menschen, darunter eifrige Christen, möchten Zen praktizieren. Wie kann man diesem Bedürfnis entsprechen, ohne dass Zen an Eigenart verliert? Auf Ihrer geistigen Stufe sind Sie allein und können nicht überall sein: Wer ist qualifiziert, Ihnen zu helfen?*

Meine Schüler helfen mir, indem sie meiner Unterweisung folgen.

Die wahren Schüler folgen immer der Lehre, ohne von ihr abzuweichen. Auch die Zeit wird helfen, die Zeit wird Lösungen bringen.

Die Irrtümer vergehen, die Wahrheit ist ewig.

Ungefähr fünfzig meiner Schüler haben verstanden, was das wahre Zen ist, und vor allem in meinem Dōjō haben ungefähr zehn eine absolut präzise Kenntnis meiner Zenlehre. Sie können mich vertreten und meine Unterweisung fortsetzen. Die Zahl wächst ständig, und daher kann die Weitergabe meiner Lehre der Zenpraxis ohne große Schwierigkeiten erfolgen; neue Gruppen können entstehen, ohne dass der Geist entarten oder man von der Strenge der Zazenhaltung abweichen würde.

*Woran erkennt man, ob man Zen versteht?*

Der Meister muss die Authentizität Ihres Verständnisses bestätigen. Denn wenn Sie sich selbst Ihr Verständnis bestätigen, so ist das kein wahres Verständnis.

Es bedarf der subjektiven Selbsterfahrung und der objektiven Kontrolle durch den Meister. Man sagt sich: «Ich verstehe, ich verstehe ...», aber der Mensch will immer alles unter Begriffe ziehen, und manchmal irrt er. Daher bedarf es der Worte.

Im Rinzai-Zen ist die Erziehung sehr streng. Im Sōtō-Zen ist sie nicht so schwierig. Man versteht oder man versteht nicht. Ich selbst habe meinem Meister zwanzig Jahre lang Fragen gestellt, auf welche dieser antwortete: «Praktiziere Zazen – *shikantaza.*»

Im Rinzai-Zen gibt es Worte, Kōan, und Diskussionen über sie. Das alles ist im Sōtō-Zen in weit geringerem Maß vorhanden. Aber eine Beglaubigung durch den Meister ist notwendig.

Für den Anfänger ist nur die Zazenpraxis wichtig. Bilden Sie keine Kategorien, die aus Ihrem eigenen Bewusstsein kommen; Sie sind dafür zu intelligent.

Zen heißt mit dem Körper verstehen, und wenn das gelingt, wird der Meister den Schüler, der tiefer begreift als die anderen, bestätigen. Wenn der gewöhnliche Lebenswandel des Schülers aber schlecht ist, so bedeutet das, dass ein Fehler vorliegt und dass sein Geist irrt.

*Ōbaku, Musō und andere große Zenmeister haben oft gesagt, das intellektuelle Verständnis des Zen behindere das wahre Verständnis. Würden Sie raten, Bücher zu lesen, oder würden Sie abraten? Ist es gefährlich, Bücher über Zen zu lesen?*

Es ist gut, manchmal ein wenig zu lesen. Wenn Sie nur praktizieren, können Sie Ihr Wissen nicht erweitern. Man muss Bücher lesen, aber sie gut auswählen.

Verwechseln Sie den Mond nicht mit dem Finger, der auf ihn zeigt. Tōzan hat alle seine Bücher verbrannt. Er war vielleicht zu leidenschaftlich. Aber es war eine kraftvolle Entscheidung. Wenn man zu viel liest, wird man schwach und zögert stets. Aber Tōzan wusste alles. Er wusste zu viel. Daher hat er alles verbrennen lassen und nur noch Zazen praktiziert.

*Wie erkennen wir, dass wir einen Fehler begehen?*

Ich weiß nicht. Sie müssen das allein verstehen. Am besten denken Sie darüber nach. Durch äußere Mittel können Sie es nicht erfahren. Andere zu belügen, ist leicht, sich selbst zu belügen jedoch schwer.

*Gebraucht man im Sōtō-Zen Kōan?*

Alles ist Kōan. Beim Gebrauch von Kōan ersinnt der Meister Fragen: «Was ist *Kū*?», «Was ist Mu?», «Was ist das ursprüngliche Wesen?» Aber danach wird das zum Theater. Der Schüler versteht diese Fragen mit Hilfe von Büchern, und das macht die Rinzai-Lehre ineffektiv.

Im Sōtō-Zen bezieht der Meister auch Kōan in die Unterweisung ein. Auch das Hier und Jetzt ist sehr wichtig. Aber das nimmt nicht die Form eines Universitätsexamens an. Es werden nur wirkliche Probleme des Alltags behandelt. Wenn Sie leiden, Ängste haben, unbefriedigt sind, stellen Sie Fragen, und der Meister beantwortet sie.

Und die Antwort wird zum Kōan. Ich erkläre ausführlich, und die Leute verstehen. Die Antwort wird zu einer Frage, zu einem Kōan. Meine Antwort wird zu Ihrem Kōan. Das ist wirksamer als die Rinzaimethode.

Bilden Sie keine Kategorien.

Der Gebrauch von Kōan wird heute im Rinzai-Zen zum Formalismus. Die großen Rinzai-Meister gebrauchten keine Kōan. Nur die kleinen Meister lesen die Frage vor dem Zazen vor, und die Schüler sollen während des Zazen darüber nachsinnen. Während des Zazen sagt der wahre Meister: «Denkt nicht mit eurem Gehirn, sondern mit eurem Körper.» Wenn man ein Kōan hat, denkt man mit seinem Gehirn.

Das tägliche Leben an sich ist ein Kōan. «Guten Tag, wie geht's?» – Kōan. Ich sage: «Kinn zurückziehen!» – Kōan. «Gute Haltung!» – Kōan. «Die Hüfte strecken!» – Kōan.

Während des Zazen sollen Sie nicht mit dem Gehirn denken. Das Bewusstsein jedes Einzelnen ist unbegrenzt und unendlich. Wenn Sie die Gedanken vorüberziehen lassen, die schließlich von selbst ein Ende nehmen, können Sie unbewusst denken.

Heutzutage denkt man zu viel, man ist kompliziert. Nach dem Zazen hat sich das Gesicht verändert, und wenn man fortfährt Zazen zu praktizieren, wird man heiter.

Nach sechs Monaten oder einem Jahr Praxis hat sich alles völlig geändert. Man wird leicht, frei und unkompliziert. Das Karma erschöpft sich.

*Wozu dient ein Kōan?*

Kōan sind Worte des Meisters, eine Erziehung durch sehr einfache Aussagen, die der Schüler intuitiv und nicht mit Intellekt oder Wissen begreifen soll.

In der Rinzai-Schule hat man aus dem Kōan eine formalistische Technik gemacht; die Antworten stehen in den Büchern! ...

Eines Tages kam ein Schüler in das Zimmer meines Meisters Kōdō Sawaki, um sich mit ihm über etwas zu unterhalten, was ihn bedrückte. «Bitte», sagte er, «enthüllt mir das Wesen des Zen, die Buddhanatur.» – «Wem soll ich das sagen?», antwortete Sawaki. «Sagt es mir, es ist eine Frage, die mich quält.» – «Ihnen?!» Und er brach in Lachen aus. «Ihnen, aber Sie sind nichts, Sie haben überhaupt keine Bedeutung.»

Das ist ein wirkliches Kōan. Das Brüllen des Löwen im Ohr eines Hühnchens.

Noch weitere Fragen?
[Schweigen]
Dann haben wohl alle Satori ...

# Das Geheimnis des Zen ist die Praxis des Zazen

Zazen ist schwierig, ich weiß das wohl. Täglich praktiziert, ist es jedoch sehr wirksam für die Erweiterung des Bewusstseins und die Entwicklung der Intuition. Zazen setzt nicht nur große Energien frei, sondern es ist auch und gerade die Haltung des Erwachens.

Während man praktiziert, darf man nichts erreichen wollen, was immer es sei. Ohne Zweckgerichtetheit ist es allein Konzentration auf die Haltung von Körper und Geist und die Atmung.

## Die Haltung

Man sitzt auf der Mitte des runden Kissens (*zafu*) und kreuzt die Beine in der Lotos- oder Halb-Lotosstellung. Wenn beides unmöglich ist und man die Beine nur kreuzt, ohne einen Fuß auf den Oberschenkel des anderen Beines zu legen, so muss man dennoch die Knie fest auf den Boden drücken.

In der Lotosstellung drücken die Füße auf jedem Oberschenkel Zonen mit wichtigen Akupunkturpunkten, die den Leber-, Blasen- und Nierenmeridianen zugehören. Früher haben die Samurai diese Energiezentren automatisch durch den Druck der Schenkel auf das Pferd angeregt.

Das Becken ist ab der Höhe des fünften Lendenwirbels nach vorn geneigt. «Man hat den Eindruck», pflegte mein Meister Kōdō Sawaki zu sagen, «als wolle der After die Sonne betrachten.» Die Wirbelsäule wird gut gewölbt und der Rücken gerade gehalten. Man drückt mit den Knien auf die Erde und mit dem Kopf gegen den Himmel. Das Kinn wird zurückgezogen und der Nacken gut gestreckt. Der Bauch ist entspannt, und die Nase steht in senkrechter Linie über dem Nabel.

So ist man wie ein gespannter Bogen, mit dem Geist als Pfeil.

Nachdem man diese Haltung eingenommen hat, legt man die Fäuste (Daumen innen) auf die Schenkel in der Nähe der Knie und balanciert den Rücken ganz gerade aus, sieben, acht Mal nach links und rechts, indem man die Bewegung jedes Mal etwas reduziert, bis man das Gleichgewicht in der Senkrechten gefunden hat. Anschließend grüßt man mit Gasshō, das heißt, man legt beide Handflächen vor dem Körper in der Höhe der Schultern zusammen, wobei die gebeugten Arme in einer waagerechten Linie bleiben.

Man muss jetzt nur noch die Hände – die linke in der rechten, Handflächen nach oben gewendet – an den Unterbauch legen. Die Daumen berühren sich mit ihren Spitzen und werden unter leichter Spannung gerade gehalten. Sie bilden weder Berg noch Tal.

Die Schultern fallen auf natürliche Weise nach unten, so als wären sie zurückgezogen und nach hinten geworfen. Die Zungenspitze berührt den Gaumen. Der Blick richtet sich von selbst ungefähr einen Meter vor dem eigenen Körper auf den Boden. In Wirklichkeit geht er aber nach innen. Die halb geschlossenen Augen betrachten nichts – selbst wenn man, intuitiv, alles sieht!

## Die Atmung

Sie spielt eine ganz wesentliche Rolle. Jedes Lebewesen atmet. Im Anfang ist der Atem

Die Zenatmung ist mit keiner anderen vergleichbar. Sie zielt in erster Linie darauf, einen langsamen, kraftvollen und natürlichen Rhythmus zu schaffen.

Wenn man sich auf ein geschmeidiges, langes und tiefes Ausatmen konzentriert und die Aufmerksamkeit auf die Haltung lenkt, geschieht das Einatmen auf ganz natürliche Weise. Die Luft wird langsam und leise ausgestoßen, während der durch das Ausatmen hervorgerufene Druck kraftvoll in den

Bauch hinabsteigt. Man «drückt auf die Eingeweide» und bewirkt so eine heilsame Massage der inneren Organe.

Die Zenmeister vergleichen die Zenatmung mit dem Muhen einer Kuh oder dem Ausatmen eines Babys, das gleich nach der Geburt schreit. Dieses Atmen ist das *om*, der Samen, das *pneuma*, die Quelle allen Lebens.

## Die Haltung des Geistes

Die richtige Atmung kann nur aus einer korrekten Haltung hervorgehen. Gleichermaßen ergibt sich die Haltung des Geistes auf natürliche Weise aus der tiefen Konzentration auf die Körperhaltung und die Atmung. Wer Atem hat, lebt lang, intensiv und glücklich. Die Übung des richtigen Atmens erlaubt es, alle nervlichen Belastungen auszugleichen, Instinkte und Leidenschaften zu meistern und die geistige Aktivität zu kontrollieren.

Der Blutkreislauf im Gehirn wird in bemerkenswerter Weise verbessert. Die Gehirnrinde erholt sich, und der bewusste Gedankenfluss hält inne, während das Blut die tiefen Schichten durchdringt. Derart besser versorgt, erwachen sie aus ihrem Halbschlaf, und ihre neue Aktivität bewirkt ein Gefühl von Wohlbefinden, Heiterkeit und Ruhe, ähnlich wie im tiefen Schlaf, und doch ganz und gar wach.

Das Nervensystem ist entspannt, das Stammhirn – Thalamus und Hypothalamus –, in voller Aktivität. Man ist durch jede einzelne Zelle des Körpers hindurch in höchstem Grad aufnahmefähig und aufmerksam. Man denkt unbewusst mit dem ganzen Körper, jede Dualität, alle Gegensätze sind überwunden, ohne dass man dazu Energie aufbringen müsste.

Die so genannten primitiven Völker haben sich die tiefen Schichten des Gehirns sehr aktiv erhalten. Indem wir unsere Art von Zivilisation entwickelt haben, haben wir zwar den Intellekt geschult, verfeinert und verkompliziert, jedoch die mit dem inneren Kern des Gehirns verbundene Kraft, Intuition und Weisheit vergessen.

Gerade aus diesem Grund ist Zen von unschätzbarem Wert für den Menschen von heute, zumindest für denjenigen, der Augen hat zu sehen und Ohren zu hören.

Durch die regelmäßige Zazenpraxis wird ihm die Chance gegeben, ein neuer Mensch zu werden und zum Ursprung des Lebens zurückzukehren. Er kann das Dasein an der Wurzel packen und so den normalen Zustand von Körper und Geist wiedererlangen.

Beim Sitzen in Zazen lässt man die Bilder, die Gedanken und alle geistigen Gebilde, die aus dem Unbewussten auftauchen, vorbeiziehen wie Wolken am Himmel – ohne sich ihnen zu widersetzen, ohne sich an sie zu klammern. Wie Schatten vor einem Spiegel zieht alles vorbei, was aus dem Unterbewussten ausströmt, kehrt zurück und zerrinnt schließlich. So gelangt man zum tiefen Unbewussten, das ohne Gedanken ist, jenseits allen Denkens, Hishiryō, wahre Reinheit.

Zen ist sehr einfach und gleichzeitig recht schwer zu verstehen. Es ist dies eine Sache der Anstrengung und der Wiederholung – wie das Leben.

Wenn beim SITZEN – ohne Umschweife, ohne Zweck und Profitstreben – eure Haltung, Atmung und Geisteshaltung in Harmonie sind, dann versteht ihr das wahre Zen, dann begreift ihr die BUDDHANATUR.

# Glossar

Bodhidharma: Geboren im 6. Jahrhundert in Ceylon. Fuhr auf dem Seeweg nach China (Kanton). Begründer und erster Vorfahre des Zen (*chan*) in China. Er praktizierte 9 Jahre lang Zazen in den Bergen.

Buddha: Die Sanskritwurzel *budh-* bedeutet ‹Erwachen‹ und *Buddha* ‹der Erwachte›, ‹der Erleuchtete›. Dieses Wort bezeichnet den historischen Buddha Śākyamuni, der vor 2.500 Jahren lebte und auch all jene, die die höchste Wahrheit, die wahre Freiheit erreicht haben. Auch die Meister können Buddha genannt werden. Wir haben im Grunde unseres Wesens alle die Buddhanatur, die ursprüngliche Essenz des menschlichen Lebens.

Dharma: Im Sanskrit die Gesamtheit aller (Entwicklungs-)Prozesse, die das kosmische Leben lenken. Die entdeckten und noch zu entdeckenden Gesetze des Universums. Bedeutet meist die Lehre des Buddha, aber auch alle Existenzen, alle Wahrheiten, die kosmische Wahrheit überhaupt.

Dharmakāya: Der Dharmakörper, der Körper des Buddha. Die Essenz des Dharmas.

Dō: Der Weg, die Höchste Wahrheit.

Dōgen: Dōgen-Zenji (1200–1253), Begründer des Sōtō-Zen. Reiste 1223 nach China, wo er vier Jahre bei Meister Nyojō lernte. 1227 kam er nach Japan zurück und gründete 1244 den Tempel Eiheiji. Sein Hauptwerk ist das *Shōbōgenzō*.

Dōjō: Der Ort, an dem die Schüler den Weg praktizieren, d.h. die Zenversenkung (Zazen).

Ego: Das ‹kleine›, besitzende, begrenzte Ich, das in dem Maß zerstört werden muss, als es aus Illusionen besteht, während man ihm sonst gern echte Realität beimisst.

Eka: Der zweite Vorfahre (487–593). Im Jahr 520 suchte er Bodhidharma auf. Um ihm seine Ernsthaftigkeit zu beweisen, hieb er sich gemäß der Überlieferung den linken Arm ab.

Enō: chin. Huineng, der sechste Vorfahre (638–713). Er hat als Erster in China Zen wirklich verbreitet. Unter seinen über vierzig Schülern waren auch Nangaku und Seigen.

Gasshō: Das Aneinanderlegen der Hände mit waagerechten Armen. Diese Handlung setzt keinen bestimmten Glauben voraus, sie ist das Symbol für die Einheit von Geist und Existenz.

GENJŌ KŌAN: Eines der wichtigsten Kapitel, die Essenz des *Shōbōgenzō* von Meister Dōgen.

GYŌSHI oder SEIGEN: Schüler Enōs.

HANNYA SHINGYŌ: auch Makahannya Haramita Shingyō; *mahā prajñā pāramitā hridaya sūtra*, Sūtra der Essenz der Höchsten Weisheit oder Erkenntnis, «Herz der vollkommenen Weisheit». Die Essenz einer über 600 Bücher umfassenden Sūtrensammlung, Kerntext des gesamten Mahāyāna-Buddhismus. Das *Hannya Shingyō* wird nach jedem Zazen rezitiert.

HISHIRYŌ: Denken, ohne zu denken. Jenseits des Denkens.

HŌKYŌ ZANMAI: «Der Samādhi des Schatzspiegels», von Meister Tōzan Ryōkai (807–869).

ISHIN DENSHIN: «Von meiner Seele zu deiner Seele», «von meinem Herzen zu deinem Herzen».

KARMA: Verkettung von Ursachen und Wirkungen. Die Handlung und ihre Konsequenzen. Handlungen, Worte und Gedanken befinden sich in einem engen wechselseitigen Abhängigkeitsverhältnis.

KENDŌ: Japanischer Schwertkampf.

KESA: Das Symbol der Weitergabe der Lehre von Meister zu Schüler. Das Gewand des Buddha, das Gewand des Mönchs. Es wurde ursprünglich von Buddha selbst geschaffen. Nachdem er die Zazenpraxis entdeckt hatte, begab er sich an das Ufer des Ganges, wo man die Toten verbrannte. Er nahm Stücke von Leichentüchern, wusch sie im Fluss, färbte sie mit ockergelber Farbe ein (*kaṣāya* bedeutet im Sanskrit ‹ocker›) und fügte sie zusammen. Später nahm man zum Färben Blätter und mischte die Farben so, dass die gewaschenen und zusammengenähten Teile nutzlos gewordener Textilien eine «gebrochene», nicht lebendige Farbe hatten. Die Nähte des Kesa erinnern an ein Reisfeld; sein Sinn: Erinnerung an die Arbeit. Und vor allem: Der am meisten abgenutzte Stoff kann der schönste und heiligste werden, wie das am tiefsten gesunkene Wesen das höchste Erwachen erlangen kann.

KŌAN: Ursprünglich ‹Gesetz, Regierungserlass›. Widersprüchliches Existenzproblem. Prinzip der ewigen Wahrheit, die durch einen Meister weitergegeben wird.

KŌDŌ SAWAKI: 1880–1965. Der Meister von Taisen Deshimaru-Rōshi, der diesem durch Shihō die Lehre und damit sein geistiges Erbe weitergab.

Konchin: Schläfrigkeit, Erschlaffung. Gegensatz: Sanran.

Kū: Die Leerheit, das Schöpferische.

Kusen: Die Unterweisung der Schüler beim Zazen.

Kyōsaku: Der Stock des Zenmeisters. Der Schlag mit dem Kyōsaku beim Zazen hat sowohl anregende als auch beruhigende Wirkung.

Mondō: Fragestunde zwischen Meister und Schülern.

Mu: Das Nichts, Negation.

Mushotoku: Ohne Ziel und Streben nach Profit.

Nāgārjuna: Gilt als Urvater der meisten Zweige des japanischen Buddhismus. Er propagierte den Mittleren Weg. Kommentierte das Mahāprajñā Pāramitā (*Hannya Shingyō*).

Nangaku: Schüler Enōs.

Nirvāna: Vollständiges Erlöschen der Erscheinungsformen. Bezeichnet manchmal auch den Tod.

Rakusu: kleines Kesa, das für Alltag und Reise praktischer ist und allen Schülern, Mönchen wie Bodhisattvas, bei der Ordination übergeben wird.

Rinzai: Im Zen gibt es keine Sekten. Doch seit Enō bildeten sich fünf Schulen gemäß ihrer Herkunft und ihren Erziehungsmethoden. Alle praktizierten Zazen. Als wichtigste blieben Sōtō und Rinzai. Im Rinzai gebraucht man das Kōan in formalerer Weise, und Zazen, das mit dem Gesicht in den Raum gewandt praktiziert wird, wurde zu einer Methode, um Satori zu erreichen.

Sake: Reiswein.

Samādhi: jap. *zanmai*, Konzentration.

Sanpai: Dreifache Niederwerfung vor dem Buddha oder dem Meister, die Stirn am Boden, die Handflächen beiderseits des Kopfes zum Himmel gewandt. (Symbolisch für das Berühren der Füße des Buddha.) Dies ist der Ausdruck des höchsten Respektes, den ein Zenmönch erweisen kann.

Sanran: Erregung, Zerstreuung. Gegensatz: Konchin.

Sanshōdōei: Gedichtsammlung von Meister Dōgen.

Satori: Das Erkennen der kosmischen Wahrheit, das Erwachen.

Seigen oder Gyōshi: Schüler Enōs.

Sekitō: Der erste Schüler Seigens.

Sesshin: Eine Zeit intensiven Zazentrainings. Ein oder mehrere Tage gemeinsames Leben, Konzentration und Stille im Dōjō. Man praktiziert vier bis fünf Stunden Zazen pro Tag, unterbrochen von Mondō, Samu und Mahlzeiten.

SHIHŌ: Weitergabe der Lehre und Ernennung zum Nachfolger.

SHISHO: Die Urkunde der Weitergabe der Lehre.

SHIKI: Die Erscheinungsformen, die sichtbaren Dinge. Gegensatz: Kū.

SHINJINMEI: «Gedichtsammlung vom Glaubensgeist», von Meister Sōsan (gest. 606).

SHŌBŌGENZŌ: «Die Schatzkammer des wahren Dharma-Auges», das Hauptwerk Meister Dōgens.

SHŌDŌKA: «Satori – hier und jetzt», von Yōka-Daishi (649–713).

SŌTŌ: In der Sōtō-Schule des Zen praktiziert man Zazen ohne Zweckdenken, ohne Zielvorstellung und mit dem Gesicht zur Wand. Der Meister gibt nicht systematisch Kōan, sondern seine Antworten auf Fragen der Schüler sind aus dem Leben gegriffen und werden selbst zu Kōan.

SŪTREN: Die von seinen Schülern aufgezeichnete Lehre des Buddha. Sie wurden dann zur Lehre der Meister und enthalten die gesamte Lehre seit den Worten Buddhas.

TANKA: japanische Gedichtform, etwas länger als das Haiku.

YAKUSAN: Schüler von Sekitō (731–834).

ZAFU: Festes, mit Kapok gefülltes Kissen für die Zazenpraxis. Der Buddha fertigte sich ein Kissen aus trockenen Blättern an. Es ist notwendig, erhöht zu sitzen, damit man die Knie auf den Boden legen und die Wirbelsäule ohne Anstrengung gerade halten kann.

ZEN: chines. *chan*, *dhyāna* im Sanskrit. Wahre und tiefe Stille. Normalerweise übersetzt mit Konzentration, Versenkung ohne Ziel. Rückkehr zum ursprünglichen und reinen Geist des menschlichen Wesens.

*Im gleichen Verlag:*

## Shōbōgenzō

Die Schatzkammer des wahren Dharma-Auges

erstmals aus dem japanischen Urtext ins Deutsche übersetzt, vollständige Ausgabe in 4 Bänden, mit reichhaltigen Anmerkungen von Zen-Meister Gudō Wafu Nishijima

Diese Referenzausgabe des wichtigsten Textes des Sōtō-Zen beruht auf der japanischen Ausgabe des Originaltextes von G. W. Nishijima-Rōshi und wurde in enger Zusammenarbeit mit ihm von Ritsunen Gabriele Linnebach übersetzt. In dieser Übersetzung ging es einerseits darum, den japanischen Quellentext inhaltlich so genau wie möglich zu übersetzen und andererseits diesen Text trotz seiner Schwierigkeit in eine möglichst klare und verständliche Sprache zu bringen. Dies folgt dem Anliegen Dōgens, Zen einer breiten Öffentlichkeit zugänglich zu machen und sich nicht auf eine Gruppe Gelehrter zu beschränken. Eine Fülle von Anmerkungen, die den Text erläutern, soll diesem Anspruch in umfassender Weise gerecht werden. Gebunden, ISBN 978-3-921508-90-9 / -91-6 / -92-3 / -93-0

## Unterweisungen zum wahren Buddha-Weg: Shōbōgenzō-zuimonki

hrsg. v. Shōhaku Okumura. 4., überarb. Auflage, gebunden, ISBN 978-3-932337-68-0

Das *Shōbōgenzō-zuimonki* ist eine Sammlung spontaner Dharma-Ansprachen, die Dōgen seinen Mönchen aus unterschiedlichem Anlass hielt, sowie von Frage-und-Antwort-Sequenzen zwischen Dōgen und seinem wichtigsten Schüler Ejō Koun. Ejō-Zenji war es auch, der diese Reden niedergeschrieben hat. Dōgen führt darin keine buddhistische Philosophie aus — obwohl er nebenbei immer wieder darauf Bezug nimmt —, sondern gibt seinen Schülern auf einfache und lebendige Art Anweisungen, Beispiele und Hinweise zur Lebenseinstellung und zur Lebensweise, die dem von ihnen gewählten Weg Buddhas gemäß sind.

Werner Kristkeitz Verlag

Löbingsgasse 17 • 69121 Heidelberg • www.kristkeitz.de

*Im gleichen Verlag:*

*Bücher von*
*Bhante Henepola Gunaratana*

Die Praxis der Achtsamkeit
Eine Einführung in die Vipassana-Meditation
ISBN 978-3-921508-77-0

Von der Achtsamkeit zur Sammlung
Eine Einführung in die tieferen Stadien der Meditation
ISBN 978-3-932337-78-9

Acht Schritte zum Glück
Mit Achtsamkeit auf dem Pfad des Buddha
ISBN 978-3-932337-79-6

*Dhammarato Bhikkhu*
Der Kern der Lehre
Die bedeutsamsten Reden Buddhas
in zeitgemäßer Sprache
ISBN 978-3-932337-44-4

Um zu verstehen, was der Buddhismus ist und bewirkt, lässt man am besten seinen Stifter zu Wort kommen. Die Quelle dieser in zeitgemäße Sprache komplett neu übertragenen Reden und Dialoge des Buddha ist das überlieferte Wort seiner engsten Jünger, der Pāli-Kanon, einer der kostbarsten geistigen Schätze der Menschheit. Doch die bisher erschienenen deutschsprachigen Interpretationen und Übersetzungen des Kanons sind vornehmlich für ernsthaft praktizierende Buddhisten und Experten gedacht. Diese neu übertragene Auswahl der wichtigsten und bedeutsamsten Reden des Buddha soll diesen geistigen Schatz nun auch einem breiteren Publikum eröffnen.
In diesen Texten ist alles enthalten, was wir benötigen, um den buddhistischen Weg zu verstehen und zu gehen, damit uns dieser zu einem freieren und unabhängigeren Dasein führt.

Werner Kristkeitz Verlag
Löbingsgasse 17 • 69121 Heidelberg • www.kristkeitz.de